Michael Jakob
Aussichten des Denkens

MICHAEL JAKOB

Aussichten des Denkens

Wilhelm Fink Verlag

ISBN 3-7705-2922-7
© 1994 Wilhem Fink Verlag, München
Satz: Jönsson Satz & Grafik, München
Druck und Bindung: Hofmann-Druck Augsburg GmbH

Inhalt

Gespräch mit

CIORAN

Emile Cioran, ich bin mir durchaus der Schwierigkeit bewußt, ein Gespräch mit Ihnen führen zu wollen, d. h. das Gespräch mit jemandem zu suchen, der nicht an den Dialog glaubt und für den – ich hoffe Ihre Worte einigermaßen richtig wiederzugeben – jedes Zusammentreffen eine Art Kreuzigung darstellt. Ich will es aber trotz dieser Vorbehalte und im Geiste dieser Vorbehalte versuchen und mit dem anfangen, was inzwischen sehr weit zurückliegt, mit Rumänien, mit Ihrem Aufwachsen zwischen den Nationen, zwischen Rumänen, Ungarn und Deutschen. Ist Ihnen die eigene Kindheit noch gegenwärtig?

Sie ist mir ganz außerordentlich gegenwärtig. Ich bin in einem Dorf in den Karpaten, zwölf Kilometer von Sibiu-Hermannstadt entfernt, geboren und ich liebte dieses Dorf ungemein. Als ich es im Alter von zehn Jahren verlassen mußte, um das Gymnasium in Sibiu besuchen zu können, brach in mir eine Welt zusammen. Ich werde nie den Tag oder besser die Stunde vergessen, zu der mich mein Vater nach Sibiu brachte: Wir hatten dafür einen Pferdewagen gemietet und während der ganzen Fahrt weinte ich, weinte ohne Unterlaß, denn ich hatte eine Art Vorahnung, daß das Paradies verloren gegangen war. Dieses Dorf im Gebirge hatte nämlich für mich als Knaben einen enormen Vorteil: Ich konnte nach dem Frühstück einfach bis mittags verschwinden und eine Stunde später, nach dem Mittagessen, war ich wieder verschwunden; ich wanderte durchs Gebirge, ging einfach überall hin, und dieser Zustand dauerte wie gesagt bis zum zehnten Lebensjahr. Ein anderer ›Vorteil‹ bestand darin, daß meine Eltern als Rumänen während des Krieges von den Ungarn deportiert wurden, so daß wir Kinder, meine Schwester, mein Bruder und ich, bei meiner Großmutter blieben, und bei ihr waren wir wirklich völlig frei. Es war eine ideale Epoche für mich. Während dieser Zeit mochte ich vor allem die Bauern, die einfachen Schäfer; ich hegte einen regelrechten Kult für sie, und als ich jene Welt verlassen mußte, hatte ich die deutliche Vorahnung, daß für mich etwas Unwiederbringliches zerbrochen wäre. Ich weinte und weinte, ich werde es mein Lebtag nicht vergessen können. Sibiu war zwar bloß zwölf oder höchstens vierzehn Kilometer von meinen Heimatdorf Rășinari entfernt, doch ich wußte genau, daß eine Katastrophe geschehen war.

Wenn man Sie so sprechen hört, hat man den Eindruck, daß Sie regelrecht vom heimatlichen Boden weggerissen wurden?

Nicht nur vom Boden, sondern auch von jener primitiven Welt, die ich ungeheuer liebte, mit dem Gefühl der Freiheit, das damit für mich verbunden war. Ich ging also nach Sibiu, damals eine sehr wichtige Grenzstadt im K.u.K.-Ungarn mit unendlich vielen Soldaten und vor allem eine Stadt mit drei Nationalitäten: Deutschen, Rumänen und Ungarn, die, ich würde sagen, ohne Drama zusammenlebten. Diese Situation hat mich übrigens für immer geprägt, so daß ich in keiner Stadt leben kann, in der nur eine einzige Sprache gesprochen wird; es wäre unmöglich und ich würde mich sofort zu Tode langweilen. Dort in Sibiu lernte ich gerade das Unterschiedliche der drei nebeneinander existierenden Kulturen schätzen, obwohl man, um genau zu sein, sagen muß, daß die eigentliche Kultur im wesentlichen die deutsche war, und die rumänische und die ungarische hinkten als eine Art Sklavenkultur hinterher. Nach dem I. Weltkrieg wollten sich diese Kulturen zwar befreien, doch konnten sie sich, da sie mehr oder weniger noch im Entstehen begriffen waren, nur langsam durchsetzen. In Sibiu fand ich mich dann langsam zurecht und entdeckte dort u. a. eine deutsche Bibliothek, die später, vor allem während meiner Studienzeit, von recht großer Bedeutung werden sollte. So lernte ich Sibiu allmählich kennen, und nach Paris – ich nehme mein Heimatdorf davon aus – ist es wohl die Stadt, die ich in der Welt am meisten liebe oder, genauer, die ich am meisten liebe. Und wenn der Ausdruck »Nostalgie« überhaupt einen Sinn haben sollte, so bedeutet er, eine Stadt wie Sibiu oder mein Heimatdorf verlassen haben zu müssen. Im Grunde genommen ist die primitive Welt die einzig wahrhaftige Welt, eine Welt, in der alles möglich ist und nichts aktualisiert wird.

Auf diese Weise haben Sie ihre Heimat gleich mehrmals verloren?

Ja, doch nicht nur das. Denn nach dem Verlust meiner Kindheit mußte ich in Sibiu plötzlich auch meine Lebensweise von Grund auf ändern. Dort begann nämlich das Drama, das mich mehrere Jahre lang begleiten sollte und das mein ganzes Leben geprägt hat, in allem, was ich geschrieben, gedacht und entworfen habe, einfach in allem. Alle meinen Grübeleien haben ihren Ursprung in jenem Drama: Als ich ungefähr zwanzig Jahre alt war, verlor ich meinen Schlaf, und ich bin der Ansicht, daß dies die größte Tragödie ist, die einem überhaupt widerfahren kann. Es ist viel schlimmer als im Gefängnis zu sitzen, tausendmal schlimmer. Die durchwachten Nächte von Sibiu wurden aber aufgrund dieser schmerzlichen Entdeckung zu den abenteuerlichsten Momenten meines ganzen Lebens. Ich schweifte stundenlang durch die Stadt – die Stadt ist übrigens wunderschön, eine mittelalterliche deutsche Stadt –, ich ging um Mitternacht oder später aus dem Hause und streifte durch die Gassen. Und es gab nur einige Nutten und mich, ganz allein in einer Stadt, in der absolute Stille herrschte. Stundenlang irrte ich wie eine Art Phantom durch die Straßen, und alles, was ich in der Folge gedacht und später ausgearbeitet habe, ist während jener Nächte ›geboren‹ worden. Damals schrieb ich auch mein erstes Buch mit der Überschrift »Pe culmile disperării«, d. h. *Auf dem Höhepunkt der Verzweiflung.* Dieses Buch war so etwas wie das Testament eines Zweiundzwanzigjährigen, und ich dachte, daß ich nach diesem Buch Selbstmord begehen würde. Daß es dennoch nicht dazu gekommen ist, hat einen präzisen Grund: die Tatsache, daß ich keinen Beruf hatte, hat mich davon abgehalten. Da ich nachts nicht schlafen konnte und durch die Stadt irrte, war ich tagsüber natürlich zu nichts zu gebrauchen und konnte also auch keinen Beruf ausüben, was für mich übrigens stets sehr wichtig gewesen ist. Ich hatte zwar mein Philosophiestudium beendet, hatte einen Magister usw., doch ich konnte nicht unterrichten. Wenn man die ganze Nacht hindurch wach bleibt, kann man sich nicht vor den Schülern behaupten. Die Nächte von Sibiu wurden so zum Ursprung meiner Sicht der Welt.

GESPRÄCH MIT ...

Wenn Sie vom Selbstmord sprechen, von der radikalsten und nicht zu Ende geführten Konsequenz dieses Buches, das Sie mit zweiundzwanzig Jahren verfaßt haben, so scheint mir, daß letztlich die Nachtseite an ihrer Erfahrung in Sibiu doch noch ins Positive, oder sagen wir: ins Befreiende umschlug, Ihnen also wirklich eine andere, offenere Welt entdeckte. Daß Sie also den Raum der Nacht kennenlernten, wie ihn die Romantiker beschrieben, den Ort der *Nachtwachen des Bonaventura*. Jedenfalls war diese Epoche für Sie die entscheidende Zeit...

Es gibt in diesem Zusammenhang ein anderes wichtiges Erlebnis, das ich als Zwanzigjähriger hatte. Ich muß vielleicht vorausschicken, daß meine Mutter nicht gläubig war, das hing vielleicht mit dem Beruf meines Vaters zusammen, der Priester war, sie war jedenfalls auch ein sehr viel unabhängigerer Geist als mein Vater. Ich erinnere mich ganz genau – und daß ich das tue, zeigt, wie außerordentlich wichtig dieses Erlebnis für mich war und noch ist –, daß wir, meine Mutter und ich, eines nachmittags allein zuhause waren, und plötzlich warf ich mich auf ein Sofa und sagte: »Ich kann nicht mehr weiterleben, ich halte es einfach nicht mehr aus.« Worauf meine Mutter erwiderte: »Hätte ich das damals gewußt, hätte ich (dich) wohl abgetrieben.« Das machte einen ungeheuren Eindruck auf mich, jedoch keineswegs einen negativen. Statt mich zu empören, lächelte ich bloß, und diese Szene war eine Art Offenbarung für mich. Das Ergebnis des Zufalls und nicht der Notwendigkeit zu sein, bedeutete eine gewisse Befreiung, und dieses Gefühl hat bis heute fortgewirkt. Meine Mutter las übrigens die Sachen, die ich in Rumänien schrieb, und sie hat sie mehr oder weniger akzeptiert, während mein Vater darüber selbstverständlich sehr unglücklich war. Er war gläubig, allerdings nicht fanatisch in seinem Glauben, es war ein Glaube, den sein Beruf als Priester einfach mit sich brachte; alles, was ich schrieb, setzte ihm ziemlich zu, und er wußte nicht wie er darauf reagieren sollte. Doch meine Mutter verstand mich. Es ist übrigens seltsam, daß ich meine Mutter zunächst verachtete, bis zu dem Tage, an dem sie mir sagte, für sie gäbe es nichts außer Johannes Sebastian

Bach. Von diesem Augenblick an wußte ich, daß wir uns ähnelten, und ich habe tatsächlich einige ihrer Fehler geerbt und daneben vielleicht auch einige ihrer Qualitäten. Ereignisse wie diese prägen ein Leben, und es gab natürlich noch andere von ähnlicher Bedeutung. So schrieb ich noch in Rumänien ein weiteres Buch mit dem Titel: *Von Tränen und von Heiligen*, das 1937 erschien. Eigentlich erschien es nicht wirklich, denn der Verleger in Bukarest – ich wohnte damals noch in Brașov-Kronstadt – zog sich in letzter Minute zurück. Das Buch war fast schon im Satz, als er mich anrief, um mir zu sagen, daß er es doch nicht veröffentlichen würde. Er hatte es zunächst überhaupt nicht gelesen, doch als es herauskommen sollte, fragte man ihn, was er davon halte, und so mußte er es doch noch lesen. Er sagte mir nach der Lektüre, daß er sein Vermögen mit Gottes Hilfe gemacht habe, und er wolle es sich mit Gott nicht verderben. Das ist balkanisch, zutiefst balkanisch! Ich erwiderte darauf:»Aber das Buch ist ein tief religiöses Werk.« Er sagte nur:»Möglicherweise schon, doch ich will es nicht haben.« Dies geschah zur gleichen Zeit, als ich ein Stipendium bekommen hatte, um in Frankreich zu studieren, so daß ich drauf und dran war, das Land zu verlassen, doch auch dieses Argument konnte ihn nicht umstimmen. Ich ging daraufhin in ein Cafe und war völlig verzweifelt, denn ich hing sehr an diesem kleinen Buch, das die Frucht einer religiösen Krise war. Schließlich fand ich dann doch noch einen Verleger – keinen wirklichen Verleger, sondern einen Drucker –, der es veröffentlicht hat. Ich verließ also Rumänien und kam nach Frankreich; das Buch erschien 1937 in meiner Abwesenheit und wurde unglaublich schlecht aufgenommen. Eliade z. B. schrieb eine äußerst bissige Rezension, und meine Eltern befanden sich in einer ziemlich peinlichen Lage. Meine Mutter schrieb mir damals nach Paris:»Ich verstehe dein Buch, doch du hättest es nicht zu unserer Lebenszeit veröffentlichen sollen, denn Du versetzt deinen Vater in eine sehr schwierige Lage und auch mich selbst, die ich Präsidentin der orthodoxen Frauen in Sibiu bin; man macht sich über mich lustig.« Sie baten mich, das Buch zurückzuziehen, doch das war gar nicht nötig, denn es war ja, wie gesagt, gar nicht richtig veröffentlicht worden. Es wurde überhaupt nicht vertrieben, und die meisten Exemplare sind sowieso eingestampft worden. Auch dies ist ein typisch balkanisches Phänomen, das man im Westen unmöglich verstehen wird. Es ist seltsam, daß ausgerechnet meine Mutter das Buch wirklich verstanden hat. Sie sah die innere Zerrissenheit in mir, das Blasphemische auf der einen, die religiöse Nostalgie auf der anderen Seite. Es ist eigentlich idiotisch, von seinen Eltern zu erzählen, doch vielleicht hat es doch noch einen Sinn. Dieses Buch ist das Ergebnis einer Krise, die sieben Jahre gedauert hat, sieben Jahre Schlaflosigkeit. Deswegen verachtete ich stets die Leute, die schlafen konnten, und das ist natürlich völlig absurd, denn ich hatte ja nur einen Wunsch, den zu schlafen, doch ich konnte es nicht. Allerdings verstand ich damals, daß die durchwachten Nächte diejenigen Momente sind, die zählen, die wirklich von Bedeutung sind. Sehen Sie, das Leben ist im Grunde recht einfach: Die Menschen stehen morgens auf, arbeiten, nach getaner Arbeit sind sie müde und gehen schlafen, wachen wieder auf und beginnen einen neuen Tag. Das Außerordentliche an der Schlaflosigkeit ist, daß es keine Diskontinuität gibt. Der Schlaf unterbricht den wachen Lebenszustand, doch für den Schlaflosen, der mitten in der Nacht luzide bleibt, gibt es keinen Unterschied zwischen Tag und Nacht. Er lebt in einer Art unaufhörlicher, unendlicher Zeit. Es ist eine andere Zeit und eine andere Welt. Das Leben kann im Grunde nur ausgehalten werden aufgrund der Diskontinuität. Weswegen schläft man eigentlich? Nicht um sich auszuruhen, sondern vor allem, um zu vergessen. Der Mensch, der nach einer durchschlafenen Nacht aufwacht, hat die Illusion, etwas Neues zu beginnen. Wenn man indes die ganze Nacht hindurch wach bleibt, beginnt überhaupt nichts Neues. Um acht Uhr morgens ist man im gleichen Zustand wie um acht Uhr abends, und die Perspektive, die man von den Dingen hat, ist natürlich eine völlig andere. Ich glaube, daß die Tatsache, daß ich nie an den Fortschritt geglaubt habe, daß ich mich nie vom »Fortschritt« habe verführen lassen, damit zusammenhängt. Man hat einfach eine ganz andere Zeiteinstellung: nicht die Zeit, die vergeht, sondern die Zeit, die *nicht* vergehen will. Das verändert natürlich ein Leben. Und deswegen glaube ich nach wie vor, daß die größte Erfahrung, die man im Leben machen kann, die durchwachten Nächte sind: es prägt einen für immer, bis zum Tode. Das ist übrigens verständlich: man folterte ja früher auch dadurch, daß man die Leute am Schlafen hinderte und nach einigen durchwachten Nächten gestand man oder unterschrieb man alles. Das Geheimnis des Lebens ist der Schlaf; er ist das, was das Leben überhaupt möglich macht. Würde man die Menschheit daran hindern, zu schlafen, so käme es – ich bin davon überzeugt – zu einem Massaker ohne Ende, es würde das Ende der Geschichte bedeuten. Dieses Phänomen hat mir jedenfalls meine Augen für alles geöffnet, und meine Sicht der Dinge ist das Resultat dieses jahrelangen Wachens, ich möchte fast sagen, obwohl es prätentiös klingen mag, des Wachens des Geistes. Ich muß vielleicht noch hinzufügen, daß ich Philosophie studiert hatte, und ich liebte die Philosophie über alles; ich liebte sogar die philosophische Sprache, ich war regelrecht in die philosophische Terminologie vernarrt. Und dieser naive Aberglaube an die Philosophie wurde von der Schlaflosigkeit einfach hinweggewischt, denn ich sah, daß die Philosophie überhaupt nicht helfen konnte, sie vermochte es nicht, mein Leben erträglicher zu machen. So verlor ich also meinen Glauben an die Philosophie. Damals begriff ich auch, daß die Philosophie nicht helfen würde, daß die Philosophen Leute waren, die mir nichts zu sagen hatten. Philosophen sind Konstrukteure, positive Menschen, positiv wohlgemerkt im schlechten, problematischen Sinne. Ich verzichtete also darauf, die Philosophen zu studieren, während ich vorher, fast drei Jahre lang, fast nur philosophische Werke gelesen hatte. Ich entdeckte also, daß sie mir zu nichts Nutze waren. Einer der Philosophen, der mir in dieser Lage trotzdem weitergeholfen hat, war Schestow. Schestow hat überhaupt eine grosse Rolle in meinem Leben gespielt, doch muß ich gerechterweise hinzufügen, daß Schestow in Rumänien populär war, eine Tatsache, die im Westen unbekannt ist. Auch Fondane, dem ich dies einmal erzählte und der ein Schüler Schestows war, wußte es nicht, doch es ist wahr. Ich weiß nicht, woher das kommt, obwohl es natürlich gewisse Gemeinsamkeiten gab: die russische Seite, eine andere Sicht der Welt. Schestow wurde jedenfalls mein Lieblingsphilosoph. Vor allem enteckte ich ihn aber zu einem Zeitpunkt, in dem ich von der Philosophie enttäuscht worden war. Und was ist Schestow letztlich seinem ganzen Wesen nach anderes, als die Insuffizienz der Philosophie selbst? Er hat die Philosophie als Philosoph verklagt.

Während Sie auf diese Weise die Philosophie ›durchschauten‹, fanden Sie jedoch gleichzeitig neue Freunde in der Literatur, vor allem in Dostojewskij?

Ich liebe alles, das von Dostojewskij herkommt. Dostojewskij ist für mich überhaupt das größte Genie, der größte (Roman-) Schriftsteller überhaupt usw. – ich kann gar nicht genug Superlative für ihn finden. Um die Wahrheit zu sagen, liebte ich damals bloß die großen Kranken, und ein Schriftsteller, der nicht irgendwie krank ist, ist für mich fast automatisch ein Schriftsteller zweiter Ordnung.

Ihr Buch über die *Tränen und die Heiligen* ist ja auch sehr Dostojewskijsch, wie mir scheint. Ich denke etwa an das Bild der Frau: einerseits Prostituierte, anderseits Heilige...

Ja, das stimmt. Mit diesem Buch über die Heiligen hat es übrigens in meinen Leben eine ganz besondere Bewandtnis gehabt. Ich war damals in Kronstadt-Brașov, und es war das einzige Jahr in meinem Leben überhaupt, in dem ich einer Arbeit nachgegangen bin. Ich unterrichtete Philosophie in einem Gymnasium und hatte also plötzlich einen Beruf, eine Situation, die sich für mich als unmöglich herausstellen sollte. Ich hatte beständig nur eine Vorstellung im Kopf: den Lehrberuf zu verlassen, nach Frankreich zu gehen, um dieser unmöglichen Lage zu entkommen. Zwar hatte ich alle Prüfungen mit Erfolg abgelegt, um Gymnasiallehrer zu werden, doch war mein Aufenthalt in Brașov eine Katastrophe, es gab unglaubliche Auseinandersetzungen mit den Schülern, mit den Kollegen, mit dem Schuldirektor, kurzum: mit aller Welt. Und in diesem gleichen Jahr 1937, in dem ich zudem eine religiöse Krise durchmachte, schrieb ich also dieses Buch über die Tränen und die Heiligen. Es war für mich eine sehr wichtige Erfahrung, denn mit diesem Buch begriff ich, daß es für mich keine Zukunft in der Religion geben würde; es stellte sich heraus, daß das Religiöse nicht der geistige und philosophische Weg für mich war. Es war eine Niederlage, die mir jedoch beibrachte, daß ich nicht dafür geschaffen war. Ich fühlte zwar eine religiöse Unruhe, ein Gären in mir, doch wußte ich genau, daß ich den Glauben nicht besaß, und ich wußte auch, daß ich ihn nie besitzen würde. Ich hatte natürlich auch die Mystiker gelesen, doch was mir in ihren Werken gefiel, war das Exzessive und ganz Persönliche an ihnen sowie die Tatsache, daß die Mystiker mit Gott sozusagen wie von Mensch zu Mensch sprachen. Die Tatsache, daß in der Mystik alles persönlich ist, zog mich an. Doch ich begriff zugleich, daß der Glaube für mich unmöglich war, ich konnte mich quälen, so viel ich wollte, es war einfach nichts zu machen. Dieses Buch begleitete also einen wichtigen Abschnitt meines Lebens. Ich las damals während eines ganzen Jahres vor allem die Heiligen, die Mystiker und wußte nicht, worauf das alles hinauslaufen würde, und es führte auch zu einer Katastrophe. Als das Buch dann schließlich in Rumänien unter den Umständen erschien, die ich bereits erwähnt habe, ging alle Welt gegen mich los. Außer, ich erinnere mich ganz genau, einer jungen, siebzehnjährigen Armenierin, die mir einen ergreifenden Brief schrieb. Doch die Leute haben mich nicht verstanden. Für mich handelte es sich aber um etwas Grundsätzliches, denn ich verlor damals eine ganz entscheidende Illusion. Sogar heute kann ich zwar nicht behaupten, daß ich gänzlich *a*religiös wäre, doch weiß ich zumindest von einem: der Unmöglichkeit, glauben zu können. Es ist eine irreparable Tatsache: ich war einfach nicht für den Glauben geschaffen. Zu Glauben ist im Grunde genommen eine Gabe, man kann nicht glauben *wollen*, das wäre lächerlich. Es gibt viele Leute, die sich dessen nicht ganz klar sind oder nicht ganz klar sein wollen, doch für mich war es eine entscheidende Entdeckung, und es kam darauf an, die notwendigen Konsequenzen zu ziehen.

Schon damals waren also die Mystiker viel wichtiger für Sie als z. B. ein Hegel oder ein Kant?

Sie waren unendlich wichtiger, das ist gar keine Frage. Jemand, der übrigens in meinem Leben eine sehr bedeutende Rolle gespielt hat, ist die Heilige Theresa von Avila. Den Anstoß dazu gab mir der Bericht von Edith Steins Konversion und als ich zum ersten Mal davon las, war ich wirklich erschüttert. Edith Steins Übertritt zum Katholizismus geschah nämlich folgendermaßen: Sie ging zu einer Freundin von ihr, die auch Philosophie studierte, und diese Freundin, die abwesend war, hatte eine Nachricht hinterlassen, daß sie in ungefähr einer Stunde zurückkommen würde. Edith Stein griff darauf nach einem Buch, das einfach herumlag, und dieses Buch ließ sie dann nicht mehr los, sie war wie verzaubert davon. Es war die Autobiographie der Heiligen Theresa, und diese Lektüre steht am Ursprung ihrer Konversion. Es gibt Leute, die das nicht verstehen können, solche, die Artikel über Edith Stein schreiben und sich darüber wundern, es unerklärlich finden; ich selbst kann das sehr gut verstehen, und ich finde es überhaupt nicht seltsam. Die Heilige Theresa hat einfach einen gewissen Ton, der einen im Innersten erschüttert. Obgleich ich erst relativ spät von der Heiligen Theresa erfuhr und obgleich ich keine religiöse Berufung in mir fühlte – ich bin ja auch nicht konvertiert –, hat sie mir unglaublich viel beigebracht, ich bin von ihr im wahrsten Sinne des Wortes erschüttert worden. Doch, wie gesagt, ich konnte nicht glauben; man ist einfach mit dem Glauben geboren oder nicht. Ich habe in meinem Leben jede Form der Krise erlebt, außer jener des Glaubens, die ja auch eine Art Krise ist; es ist aber einfach nicht meine Form der Krise. Obgleich ich sie also mehr von außen kennenlernte, hegte ich eine unendliche Bewunderung für die Heilige Theresa, für das Persönliche und Fieberhafte an ihr, für das Krankhafte. Es war wie eine ansteckende Krankheit, obgleich ich diese Erfahrung nicht als ein gläubiger Mensch hatte; trotzdem fand ich, daß es sich in ihrem Falle um einen der außerordentlichsten Geister überhaupt handelt. Ich ging damals so weit, mich ihretwegen lächerlich zu machen, und sprach eine ganze Weile überall und zu jedem nur von ihr.

Sie haben Ihre eigenen Leidenschaften jedenfalls nie versteckt?

Ich bin weniger ein leidenschaftlicher als eigentlich ein besessener Mensch. Ich muß in allen Dingen bis ans Ende der Möglichkeiten gehen, und letztlich sind es nicht Argumente, die mich überzeugen, meine Meinung zu ändern, sondern allein die Erschöpfung, das von der Leidenschaft Erschöpftsein. Es gibt darin Verbindungen zum Glauben. Persönliche Begegnungen, scheinbar kleine Dinge waren in meinem Leben aus diesem Grunde von entscheidender Bedeutung. Ich war immer sehr empfänglich dafür, ich habe z. B. stets Unbekannte angesprochen, und manche dieser Begegnungen haben mir unglaublich viel gebracht. Ich habe vor allem eine Schwäche für Leute, die leicht gestört sind. In Rumänien, in Sibiu, einer Stadt mit immerhin 60.000 Einwohnern, kannte ich alle irgendwie bekloppten Leute. Auch die Dichter, die ja selbstverständlich dazugehören! Die Morbiden zogen mich an, doch morbid, was heißt das schon? Und dann interessierte mich vor allem noch ein weiterer Typus sehr: der Versager. Ein Versager ist meist ein außerordentlich begabter, vielversprechender Mensch, der nichts fertigbringt. Meine wichtigsten Freunde in Rumänien waren nicht die Schriftsteller, sondern die Versager. Jemand, der einen sehr großen, einen geradezu enormen Einfluß auf mich ausübte, war ein solcher Versager. Dieser Mensch hatte Theologie studiert und sollte Pfarrer werden, und am Sonntag, an dem er heiraten sollte – denn er konnte nur Pfarrer werden, wenn er verheiratet war –, trat er gegen elf Uhr aus seinem Hause, um in die Kirche zu gehen, und unterwegs sagte er zu sich, es ist ein Wahnsinn, was du da vorhast, und verschwand einfach. Er tauchte während einiger Monate unter, und man wartete selbstverständlich den ganzen Sonntag auf ihn in der Kirche. Dieser Mensch übte also einen ungeheuren Einfluß auf mich aus. Ich muß hinzufügen, daß er eigentlich ungebildet war und überhaupt keine spezifische Begabung hatte. Er hatte keinen Stil, er las sehr wenig, doch er hatte eines: er hatte eine unglaubliche Menschenkenntnis, er war der geborene Psychologe. Ich habe nie erlebt, daß er sich auch nur in einer Kleinigkeit täuschte. Er war allgemein, nicht nur, was die Beobachtungsgabe für Menschen angeht, von einer ganz außergewöhnlichen, geradezu kriminellen und agressiven Luzidität. Ich traf ihn recht oft, und eine der lebhaftesten Erinnerungen, die ich mit mir trage, ist jene an eine gemeinsam verlebte Nacht in Brașov. Wir blieben bis fünf Uhr morgens auf der Straße und diskutierten ohne Unterlaß, und nach diesen fünf Stunden drehte sich alles um mich herum, es schwindelte mir, denn wir hatten im Gespräch alles zerstört, einfach alles, und er war dabei bei weitem der Stärkere. Wir hatten ganz einfach alles negiert, und er erzählte mir in jener Nacht auch einige Geheimnisse aus seinem Leben, an die ich mich immer noch erinnere. Ich will nicht sagen, daß ich von ihm wirklich viel gelernt hätte, doch er war für mich ein sehr wichtiger Gesprächspartner, denn ich erfuhr an seinem Beispiel, wie weit man gehen könnte. Er selbst ist fast bis zu den letzten Grenzen der Negation vorgestoßen. Für mich handelte es sich zunächst um die Erfahrung eines hoffnungslosen und gefährlichen Falles von Luzidität. Luzidität ist nicht unbedingt mit dem Leben vereinbar, eigentlich überhaupt nicht. Es handelte sich für mich um eine Erfahrung gewissermaßen noch jenseits vom Selbstmord, eine Erfahrung des Nichts, des absoluten Bewußtseins vom Nichts. Doch eine solche Situation ist nicht mit der Existenz vereinbar, und entweder wird man gläubig, oder bringt sich um, oder man tut was weiß ich was. Es ist eine Extremsituation, die ich zwar in meinem Leben mehrmals durchgemacht habe, doch nie mit der Intensität jenes Menschen. Das Lustige an diesem Menschen war übrigens, daß es sich um einen sehr wohlbeleibten Typen handelte, der wohlhabend und gepflegt aussah; man hätte also an alles gedacht, außer an einen solchen Nihilismus. Und er zerstörte einfach alles vor meinen Augen, er demaskierte unsere gemeinsamen Freunde, zerstörte einfach alles, die ganze Welt. Er war überhaupt kein böser Mensch, kein Schuft, ganz und gar nicht, sondern einfach jemand, dem es schlechthin unmöglich war, auch nur die kleinste Illusion über was auch immer zu haben. Auch dies ist eine Form des Wissens, denn was ist Wissen letztlich anderes, als etwas in Frage zu stellen? Ein jedes Wissen, jede Erkenntnis, die zu weit vordringt, ist gefährlich. Im Grunde – ich spreche vom Leben, wie es ist, und nicht von abstrakten philosophischen Konstruktionen – ist das Leben nur auszuhalten, weil man *nicht* bis ans Ende geht; etwas zu tun ist nur möglich, wenn man bestimmte Illusionen hat, und das gilt auch für Freundschaften, einfach für alles. Das vollständige Bewußtsein, die absolute Luzidität ist das Nichts. Und dieser Mensch ist bis dorthin vorgedrungen. Ich erinnere mich – und das zeigt sehr gut das Dämonische an jenem Menschen –, daß ich zu jener Zeit sehr verliebt war. Mein Freund sah selbstverständlich, daß ich ihr völlig verfallen war, und er sagte mir, der ich so unsterblich in sie verliebt war: »Hast Du Dir ihren Nacken auch richtig angesehen?« Ich antwortete selbstverständlich, daß ich nicht darauf geachtet hätte, doch er bestand darauf: »Schau ihn Dir genau an!«. Ich fand es selbstverständlich von einer unverschämten Geschmacklosigkeit, mir so etwas zu sagen, ein völliger Unsinn! Und ich schaute dann doch hin, und sie hatte einen Pickel am Nacken, und plötzlich war alles zerstört. Das hat mich ungeheuer beeindruckt. Er war ein Dämon, und es war übrigens absurd, daß er ursprünglich hatte Priester werden wollen und er muß es auch, zumindest unbewußt, geahnt haben, um am Tage seiner Hochzeit zu verschwinden. Er hatte eine völlig negative Sicht vom Leben; als Erkenntnis ist eine negative Weltanschauung natürlich nicht unbedingt falsch, doch sie ist, wie gesagt, nicht mit dem Leben vereinbar.

Hing die Art dieses Sonderlings irgendwie mit dem Balkan oder mit Rußland zusammen?

Ja, er gehört ganz sicherlich dorthin, in seiner Maßlosigkeit. Man geht dort einfach zu weit. Und was ist im Grunde der Westen, was ist die große französische Zivilisation, die Idee der Höflichkeit anderes als eine Grenze, die man aufgrund der Vernunft akzeptiert: nur nicht über die Grenze hinausgehen, es lohnt sich nicht, es ist schlechter Geschmack usw. Was den Balkan angeht, so kann man diesbezüglich wirklich nicht von Zivilisation sprechen, es gibt gar keine Kriterien dafür, man ist dort einfach exzessiv. Und auch die russische Literatur ist selbstverständlich vom Exzess geprägt. Ich selbst bin z. B. sehr empfindlich, was die Langeweile angeht, und ich habe mich während meines ganzen Lebens gelangweilt. In der russischen Literatur dreht sich einfach alles um die Langeweile. Es ist das alltägliche Nichts. Ich habe das Phänomen der Langeweile in geradezu pathologischer Weise durchlebt, ich habe mich gelangweilt, weil ich mich langweilen wollte. Wenn man sich jedoch nur noch langweilt, dann ist alles zu Ende. Die Langeweile hängt natürlich mit der Zeit zusammen, mit dem Schrecken vor der Zeit, mit der Erfahrung und dem Bewußtsein der Zeit. Diejenigen, die sich der Zeit *nicht* bewußt sind, langweilen sich nicht. Im Grunde ist das Leben nur möglich, wenn man sich der Zeit nicht bewußt wird. Wenn man etwa einen jeden Moment, der vorbeigeht, bewußt erleben wollte, dann wäre man verloren, das Leben würde unerträglich werden. Die Erfahrung der Langeweile ist das Ergebnis der Verzweiflung an der Zeit.

Wenn man darauf achtet, wie Sie selbst lesen, fällt auf, daß Sie stets auf der Suche nach der »unterirdischen Stimme« sind?!

Wir kennen von unseren Akten in der Regel bloß die Oberfläche, nur das, was formuliert ist. Doch das viel Wichtigere ist gerade das, was nicht formuliert werden kann, das Implizite, das Geheime an einer Äußerung, das Versteckte daran. Deswegen sind alle Urteile über die Anderen und auch die einen selbst betreffenden Urteile teilweise falsch. Denn das Niedrige daran wird versteckt, doch diese

Seite ist die eigentlichere, es ist das Wesentliche am Menschen und zugleich das am schwersten Zugängliche. Romane geben einem meistens die Möglichkeit, sich zu verstellen, sich zu äußern, ohne sich zu exponieren. Die wirklich großen Schriftsteller sind m. E. jene, die den Sinn für dieses Unterirdische haben, ich denke natürlich vor allem an Dostojewskij. Er hat ein Interesse für all das, was tief und scheinbar ›niedrig‹ ist, doch es ist nicht niedrig, sondern tragisch. Die großen Romanschriftsteller sind die wahren Psychologen. Ich kenne viele Leute, die Romane geschrieben und dabei versagt haben. Auch Eliade schrieb mehrere Romane, und er hat versagt. Warum? Weil er nur die Phänomene der Oberfläche wiedergegeben hat, ohne aus der Tiefe heraus, vom Ursprünglichen her zu übersetzen. Der Ursprung eines Gefühls ist sehr schwer zu erfassen, doch genau darauf kommt es an. Das gilt für alle Phänomene, für den Glauben usw. Weswegen hat es angefangen, wie hat es sich entwickelt? usw. – nur derjenige, der die Gabe der Divination besitzt, kann einsehen, woher etwas wirklich kommt. Dies ist aber der Reflexion nicht zugänglich. Dostojewskij ist der einzige, der bis zum Ursprung der menschlichen Handlungen vorgedrungen ist. Man sieht, warum seine Figur dies oder jenes getan hat, doch man merkt es nicht sofort. Weil den meisten Romanen diese Dimension abgeht, kann ich sie nicht lesen, sie interessieren mich einfach nicht. Sie handeln nur von der Oberfläche der Dinge, von der Oberfläche der menschlichen Handlungen und sagen nichts über die tieferen Gründe. Das hat nichts mit einem psychoanalytischen Interesse zu tun, es ist etwas ganz anderes: Die Psychoanalyse will heilen, doch ich suche nach etwas ganz anderem, es geht mir darum, den Dämon im Menschen zu fassen. Was aber das Geheimnis eines Lebens ist, das weiß man selbst nicht. Gerade dieses Geheimnisvolle macht aber anderseits den Sinn des Lebens, der Kommunikation zwischen den Menschen aus, und wenn es dies nicht gäbe, würde es nur einen fortwährenden Dialog zwischen Marionetten geben. Es kommt wieder, würde ich sagen, auf den richtigen Ton an; man hat einen Ton in allem, was man tut, nicht nur der Musiker hat ihn, und sehr oft fehlt dieser Ton. Es ist etwas wirklich Geheimnisvolles, das man eigentlich nicht definieren kann, man fühlt es eher. Man öffnet ein Buch, liest eine Seite, die recht geistreich geschrieben ist, und trotzdem ist das Ganze nichtssagend, obgleich es durchaus auch etwas zu sagen hat und nicht gleich Null ist. Man weiß nicht, woher das rührt, es gibt eine Art Irrealität, die hier herrscht, in allem was Literatur ist; man könnte es auch vielleicht als einen Mangel an Notwendigkeit bezeichnen. Wie soll man aber diesen Mangel an Notwendigkeit erklären? Im täglichen Leben ist es übrigens genauso: Man trifft auf jemanden, den man seit langem nicht mehr gesehen hat, man unterhält sich stundenlang, und es geschieht überhaupt nichts, es ist die völlige Leere. Und in einem anderen Fall kehrt man nach einer ähnlichen Begegnung ganz überwältigt nach Hause. Darin liegt die wahre Originalität eines Menschen, in dem, das versteckt bleibt und trotzdem hinüberwirkt.

Es ist wie mit der Musik?

Genau wie mit der Musik. Ein Mensch, der zu mir sagt, ihm bedeute Musik überhaupt nichts, ist für mich von vornherein verloren. Es ist für mich etwas sehr Ernstes, denn die Musik berührt gerade jenen allerintimsten Bereich im Menschen. Jemand, der das nicht spürt, mit dem kann ich nichts gemeinsam haben, es ist ein sehr schwerwiegender Mangel in meinen Augen, geradezu ein Fluch, der – ohne daß er sich darüber im Klaren wäre – über diesen Menschen lastet.

Musik, die Sie ganz besonders angesprochen hat, ist zunächst und vor allem jene Johann Sebastian Bachs?

Bach ist für mich ein Gott. Jemand, der Bach nicht versteht, ist verloren, es ist eigentlich etwas Unvorstellbares, obgleich es vorkommt. Ich glaube, daß die Musik die einzige Gattung innerhalb der Kunst ist, die es vermag, zwischen zwei Menschen eine tiefe Komplizität zu stiften. Nicht die Dichtung, nur die Musik. Jemand, der

der Musik gegenüber unempfindlich ist, leidet an einer enormen Behinderung. Es ist einfach so, und es ist auch völlig normal, daß Musik eine Verbindung zwischen den Menschen stiftet. Es ist undenkbar, daß sie etwas von Schumann oder Bach hören, etwas, das sie lieben, ohne gerührt zu werden. Ich kann aber sehr wohl verstehen, daß jemand den einen oder den anderen Dichter nicht mag.

Wann hören Sie vor allem Musik?

Ich höre ständig Musik, vor allem jetzt, da ich zu schreiben aufgehört habe. Ich bin nämlich der Meinung, daß es nicht der Mühe wert ist, weiterzumachen, und diese Dürre wird von der Musik mehr als ausgefüllt. Ohne Musik zu leben, wäre für mich eine Qual, eine Absurdität. Man kann sehr wohl nicht schreiben, man *muß* nicht schreiben, denn man vermag durch Worte das, was Musik zu vermitteln weiß, ohnehin nicht wiederzugeben. Ein Gefühl, das musikalischen Ursprungs ist, geht in der sprachlichen Transposition verloren, während es in der Musik gerade deren Sinn ausmacht. Warum sollte man demnach in einer solchen Lage noch weiterschreiben und warum überhaupt schreiben, warum ständig die Unzahl der Bücher noch vermehren wollen, warum um jeden Preis Schriftsteller sein wollen? Heutzutage wird sowieso zu viel geschrieben, wir leben in einer Zeit absurder und völlig unnützer Überproduktion. Alle Welt schreibt heute, vor allem in Paris. Ich selbst dachte ursprünglich, daß ich nur wenig schreiben würde, doch man läßt sich leider verführen. Jetzt habe ich jedoch begriffen, daß ich diese Komödie nicht weiterspielen kann. Früher handelte es sich um keine Komödie, es war eine Art Notwendigkeit für mich, es bot mir die Möglichkeit, mich meiner selbst zu entledigen, denn die einzige Möglichkeit, alles, einfach alles, zu vereinfachen, ist sich auszudrücken. Sobald man etwas niedergeschrieben hat, verliert es sofort sein Geheimnis, es geht verloren, wird abgetötet: man hat die Sache und sich selbst getötet. Genau diese Funktion aber hat das Schreiben. Ich habe übrigens gemerkt, daß diejenigen, die *nicht* schreiben, mehr

Ressourcen haben, denn sie bewahren alles in sich auf. Etwas niedergeschrieben zu haben heißt, es aus einem selbst herausgedrängt
zu haben, alles, was aus dem Inneren kam, endgültig veräußerlicht
zu haben. Schriftsteller ist jemand, der sein Ureigenstes weggibt, um
auf diese Weise schließlich seine ganze Substanz zu verlieren. Deswegen sind die Schriftsteller in der Regel so uninteressant, und ich
meine das ganz ernst: Schriftsteller sind Leute, die sich erschöpft
haben, nur die Reste ihrer selbst existieren noch, es sind klägliche
Marionetten.

Hatten Sie, als Sie nach Frankreich kamen, bereits beschlossen, auch dort
keinen Beruf auszuüben?

Ja, denn ich bin mir der Notwendigkeit, dies nicht zu tun, sehr früh
klar geworden; ich wußte, daß es besser wäre, jedwede Erniedrigung,
jedwedes Leid auf sich zu nehmen, zu widerstehen, um nur nicht die
Freiheit einzubüßen. Ich wußte, daß es darauf ankommt, nie etwas
tun zu müssen, was man nicht liebt und unmöglich lieben kann.
Deswegen war ich stets bereit, jede Art von unpersönlicher Arbeit
zurückzuweisen, außer der physischen Tätigkeit; ich hätte sehr wohl
akzeptieren können, Straßenkehrer zu sein, doch nie irgendwelche
untergeordnete Schreibarbeit, journalistische Tätigkeiten und dergleichen. Ich mußte also alles tun, um, wie man zu sagen pflegt, mein
Leben *nicht* zu verdienen. Jede Form der Erniedrigung ist dem
Verlust der Freiheit vorzuziehen, und das ist übrigens stets fast so
etwas wie das Programm meines Lebens gewesen. Ich hatte meine
Lebensweise dieser Forderung in Paris sehr gut angepasst, doch es
hat damit nicht immer ganz so geklappt, wie ich es geplant hatte. Ich
war nämlich jahrelang als Student an der Sorbonne eingeschrieben
und konnte bis zum vierzigsten Lebensjahr in der Mensa essen. Als
ich vierzig wurde, lud man mich vor, um mir mitzuteilen, daß es eine
Altersgrenze gebe, und die liege bei siebenundzwanzig Jahren. Auf
einen Schlag waren damit all meine Pläne zerschlagen. Ich wohnte
zu jener Zeit in einem Hotel nicht weit von meiner jetzigen Woh-

nung, in einem Mansardenzimmer, das ich außerordentlich gern hatte, und als ich nach dieser Mitteilung nachhause kam, sagte ich mir: »Es ist sehr ernst«, denn ich hatte nicht die Mittel, um im Restaurant essen zu können, und ich wußte wirklich nicht ein noch aus. Ich will nicht behaupten, daß es letztlich einen wirklichen Wendepunkt in meinem Leben dargestellt hat, doch es war ein Ereignis, das die Dinge sehr kompliziert hat, da ich mir ja geschworen hatte, alles zu tun, um nicht arbeiten zu müssen. Es blieb mir zunächst noch mein Hotelzimmer, die köstliche Behausung in der rue Monsieur Le Prince, die ich abgöttisch liebte und die wirklich fast nichts kostete. Damit nicht genug, sehe ich doch eines Tages, daß man damit beginnt, alle Mieter hinauszuwerfen außer mich selbst, denn ich kannte den Besitzer und dieser wagte es einfach nicht, auch mich auf die Straße zu setzen. Ich wußte aber, daß das dennoch eines Tages geschehen würde, und beschloß, unbedingt etwas Neues zu finden, sonst hätte es nämlich das Ende bedeutet. Dies geschah 1960, ich hatte gerade ein Buch veröffentlicht mit dem Titel *Geschichte und Utopie*. Ich kannte eine Dame, die im Immobilienwesen tätig war und die einmal versprochen hatte, mir behilflich zu sein. Ich schickte also dieser Frau, die ich nur sehr flüchtig kannte, mein Buch, und nur drei Tage danach hatte ich diese Wohnung, in der ich immer noch lebe, für eine lächerliche Monatsmiete. Es ist das alte Pariser Mietsystem mit festgefrorenen Preisen, die Eigentümer können einfach nichts machen, was eigentlich äußerst ungerecht ist. Für mich, der sich vor dem Altwerden fürchtet, war das eine sehr wichtige Sache, und auf diese Weise habe ich also dieses große Problem lösen können, ohne einer geregelten Tätigkeit nachgehen zu müssen. Für die junge Generation von heute ist das alles unmöglich; es gibt manchmal junge Leute, die zu mir kommen und zu mir sagen: »Wir möchten leben wie Sie!«, doch es ist zu spät, viel zu spät! Ich kam zu einer anderen Epoche nach Paris, zu einer Zeit, als es noch Hotelzimmer gab für nichts und wieder nichts. All das ist vorüber, und man ist heute einfach verloren.

Doch Sie haben trotz dieses besonderen Lebensplanes weitergeschrieben,
sie veröffentlichten recht viel, z. B. in der N.R.F.?

Man lebt nicht ganz im Paradies, – verzeihen Sie – nicht ganz als
Parasit! Ich hatte natürlich begriffen, daß ich schreiben mußte, daß
es irgendwie doch einem tieferen Bedürfnis entsprach. Ich veröffentlichte also zunächst ein erstes Buch in französischer Sprache: *Précis
de décomposition* (*Lehre vom Zerfall*) und war nicht sicher, ob ich
eigentlich weiterschreiben sollte. Warum sollte man denn weitermachen, es bleiben ja von einem eh nur höchstens einige Sätze übrig,
doch andererseits sind die Tage zu lang, es wird fast zu einem
Bedürfnis, sich zu manifestieren. Dreißig Jahre lang war ich jedenfalls ein völlig Unbekannter, meine Bücher verkauften sich überhaupt nicht, und ich habe diese Lage damals sehr gut akzeptiert, sie
entsprach ja auch meiner Sicht der Dinge. Doch dann änderte sich
die Situation langsam, und plötzlich gab es dann meine Bücher auch
als Taschenbuch. Paradoxerweise bin ich für das Taschenbuch, denn
es ist vielleicht der einzige Weg, jene Leser zu erreichen, die wirklich
an einem interessiert sind. Mit dem Erfolg und der literarischen
Karriere wird man jedoch unweigerlich Teil eines Mechanismus,
während die einzig wirklich wichtigen Jahre jene sind, in denen man
unbekannt ist. Obgleich das Unbekanntsein manchmal auch etwas
sehr Bitteres an sich haben kann, ist es im Grunde eine Gnade. Eine
Zeitlang trank ich übrigens sehr gerne Whisky, und da ich es mir
natürlich nicht erlauben konnte, eine Flasche zu kaufen, besuchte
ich die literarischen Salons, wo man mich jahrelang als den Freund
von Ionesco und Beckett vorstellte. Es war aber eine sehr angenehme
Sache, und warum sollte man denn unbedingt bekannt sein wollen?

Weswegen haben Sie plötzlich beschlossen, Französisch zu schreiben?

Der Grund ist folgender: Ich hatte mich entschieden, nie mehr nach
Rumänien zurückzukehren; es stellte für mich einfach die Vergangenheit dar, etwas im absoluten Sinne Abgeschlossenes. Ich habe
bereits mehrmals von meiner Entscheidung gesprochen, und es hat

sich wirklich so abgespielt. Ich war im Sommer des Jahres 1936 in Dieppe, am Meer, und ich versuchte damals, Mallarmé ins Rumänische zu übertragen. Auf einen Schlag wurde mir plötzlich klar, daß mein Unterfangen völlig unsinnig war, daß ich kein Talent fürs Übersetzen hatte. Und fast im gleichen Augenblick nahm ich mir vor, von nun an nur noch Französisch zu schreiben. Seltsamerweise hatte ich bis dahin in Paris das Französische vernachlässigt, ich hatte viel Englisch studiert und an der Sorbonne auch verschiedene Kurse in englischer Literatur besucht. Mein plötzlicher Entschluß, Französisch zu schreiben, stellte sich jedoch zunächst als sehr viel schwieriger heraus, als ich ursprünglich gedacht hatte. Die Arbeit an meinem ersten Buch, der *Lehre vom Zerfall*, war eine regelrechte Tortur, nicht die erste Abschrift natürlich, doch der Versuch, das Buch umzuschreiben. Ich habe es schließlich viermal umgearbeitet und dabei fast die Lust am Schreiben verloren. Danach, nach diesem Buch, sagte ich mir also, es lohnt sich einfach nicht, sich so zu plagen, und ich schrieb die *Syllogismen der Bitterkeit*, mein nächstes Buch, mehr aus der Erschöpfung heraus. Es ist dann doch noch weitergegangen, aber ich muß erwähnen, daß Paulhan ständig etwas Neues von mir haben wollte, um es in der N.R.F. zu bringen. Ich sagte meistens mehr halbherzig zu, und dann wollte ich dennoch mein gegebenes Versprechen einhalten, und so ging es dann doch mehr oder weniger weiter. Ich akzeptierte jedoch ohne weiteres, an der Peripherie zu sein, und die Jahre des Unbekanntseins erscheinen mir – wie gesagt – als die wirklich wichtigen Jahre. Der Schriftsteller, der keinen Leser hat, den nur einige wenige Leute kennen, ist der wahre Schriftsteller, obgleich das auf der praktischen Seite sehr unangenehm sein kann, denn man hat in einem solchen Falle den Eindruck, daß man allein für sich selbst schreibt.

Wie sehen Sie das Verhältnis zwischen Individuum und Gesellschaft im geschichtlichen Prozeß? Gibt es eine Vermittlung oder lebt das Individuum nur für sich und trotz möglicher Luzidität und zeitweisem Widerstand gegen die Gesellschaft isoliert?

GESPRÄCH MIT ...

Um die Verbindung zwischen den Individuen und der Geschichte ist es allgemeinen eher schlecht bestellt, und das Gefühl des Unbehagens ist für diese Beziehung charakteristisch. Ich würde fast so weit gehen und behaupten, daß dieses Gefühl des Unbehagens trotzdem noch das Höchste ist, was das Individuum in der modernen Gesellschaft erreichen kann. Was die Luzidität angeht, so gibt es, wie gesagt, ein Übermaß, das das Leben und die Beziehungen zu Anderen unmöglich macht. Das Leben ist nur möglich, wenn man nicht zu den allerletzten Konsequenzen greift.

Kann man dieser Luzidität, von der in unserem Gespräch immer wieder die Rede ist – und ich glaube kaum, daß dies ein Zufall ist –, entgehen? Ich denke vor allem auch daran, daß Sie in Ihren letzten Werken oft vom Buddhismus sprechen, von fernöstlichen Denk- und Lebensformen, vom Nirwana. Gibt es bei Ihnen eine Nostalgie nach einer Philosophie der Ruhe, fast würde ich sagen, nach einer Philosophie des gesunden Schlafes?

Ich habe inzwischen auch diese Phase, von der Sie sprechen, hinter mir, doch sie hat tatsächlich eine große Rolle gespielt. Mein Interesse für diese Dinge reicht mindestens zehn Jahre zurück, und ich muß gestehen, daß ich stets etwas buddhistisch eingestellt war, falls man überhaupt »etwas« buddhistisch sein kann. Wenn ich mich wirklich für *eine* Form des Glaubens zu entscheiden hätte – sagen wir, jetzt und sofort, unter Androhung des Todes usw. –, dann würde ich wohl für den Buddhismus optieren. Der Buddhismus ist die Religion, die mir jedenfalls noch am ehesten zusagt, einige Aspekte freilich ausgenommen, er ist m. E. eine akzeptable und fast ›bequeme‹ Religion.

Doch man wählt ja keine Religion in luzider und kalkulierter Weise?

Es gibt natürlich Dinge, die man akzeptiert, und andere, die einem nicht zusagen; um z. B. die Konzeption der Transmigration zu akzeptieren, sind gewisse Voraussetzungen nötig, doch die Grundlagen des Buddhismus, das, was er über das Leiden oder den Tod aussagt, sind durchaus annehmbar. Es ist die negative Seite, die Buddha dazu gezwungen hat, der Welt zu entsagen. All das ist akzeptabel, doch zahlreiche Regeln der buddhistischen Doktrin können wir nicht annehmen, sie entsprechen einfach nicht unserem Stil und unserer eigenen Tradition, z. B. die Metempsychose, die Auffassung von den verschiedenen Etappen der Präexistenz bzw. Existenz usw. Während also die buddhistische Doktrin, das Dogma, inakzeptabel bleiben, kann uns der Geist des Buddhismus sehr wohl überzeugen, d. h. die Gedanken, die die Grundlage des Buddhismus bilden. Und schließlich ist der Buddhismus jene Religion, die gleichsam die geringste Investition an Glauben verlangt, wenn ich mich so ausdrücken darf, ganz anders als das Christentum und das Judentum, die beide ganz bestimmte Dinge fordern. Wenn man dort gewissen Vorschriften nicht Folge leistet, ist man von vorne herein verloren, und es hat gar keinen Sinn weiterzumachen. Nicht so im Buddhismus, der Kompromisse zulässt. Die Gründe, die Buddha dazu gezwungen haben, sich vom Weltlichen zurückzuziehen, können fast von jedermann nachvollzogen werden, und man kann sie eigentlich ohne weiteres akzeptieren, vorausgesetzt, man hat auch den Mut, die damit verbundenen Konsequenzen zu ziehen. Ganz anders im christlichen Glauben, wo man dieser und dann wieder jener Forderung gehorchen muß. Der Buddhismus verlangt von einem keinerlei Bekenntnisse und auch keine Dankbarkeit, man muß nur eine bestimmte Vision, eine bestimmte Sicht der Dinge mitbringen. Und deswegen ist der Buddhismus zum Teil heute schon dabei, den christlichen Glauben zu verdrängen, zumindest hier in Frankreich, wo er wirklich auf dem Vormarsch ist. Ich kenne persönlich viele Leute, die sagen: für mich gibt es nur den Buddhismus, und das wird so weitergehen.

Wenn man Ihr Werk kennt, sagt man sich, daß Cioran sicher jemand ist, der nicht reist. Trifft diese Vermutung zu?

Sie haben Recht, ich bin nicht viel gereist. Ich habe nur wenige Reisen unternommen und nur einige wenige Länder besucht. Und vor allem reise ich jetzt fast überhaupt nicht mehr. Meine letzte Reise führte mich nach Griechenland, doch nicht direkt, weil ich dorthin reisen wollte, sie wurde mir vielmehr fast aufgedrängt, man hat mir einfach alles bezahlt. Trotzdem bin ich einiges herumgekommen, denn ich hatte vor längerer Zeit eine große Leidenschaft fürs Fahrradfahren, ich bin sogar bis nach England gekommen, um dort herumzuradeln. Ich war damals freilich sehr viel jünger, es geschah vor mehr als zwanzig Jahren, und das Fahrrad erscheint mir nach wie vor als das ideale Transportmittel: man ist ›draußen‹, man ist auf dem Lande, und zugleich ist man unterwegs, stets in Bewegung. Ich liebte es vor allem, weil ich dabei Unbekante ansprechen konnte, und ich habe auf meinen Radtouren, die durch ganz Frankreich führten, mit unendlich vielen Leuten geredet, selbstverständlich nicht mit Intellektuellen. Ich mag die Gespräche mit einfachen Leuten, mit dem Volk, wenn Sie so wollen, und ich tue es noch weiterhin und quatsche nach wie vor mit jedermann, unabhängig vom intellektuellen Niveau, im Gegenteil, mir sind die Ungebildeten viel lieber, und auch das ist selbstverständlich mein rumänisches Erbe. Das mag seltsam anmuten, doch, sehen Sie, man kann sehr wohl eine sehr konsequente Weltanschauung haben, und im Leben selbst handelt man dann doch ganz anders, man tut Dinge, die vom Leben selbst diktiert werden, und man handelt eigentlich so von dem Augenblick an, in dem man akzeptiert zu atmen. Man macht Konzessionen und wieder Konzessionen. Worauf es ankommt, ist, daß man – obgleich man zum Teil groteske, ganz lächerliche und kompromittierende Dinge tut – sich selbst gegenüber ehrlich bleibt, daß man sich sagen kann, ich tue es zwar, doch ich bin mir dessen zumindest bewußt. Es ist vielleicht eine zu allgemeine Regel, doch sobald man anfängt zu leben, ist man dazu verdammt und es geht immer so weiter.

Sind Sie immer noch ein so großer Spaziergänger?

Ja.

Und gehen nach wie vor in die Friedhöfe?

Ja, ich habe eine Schwäche für Friedhöfe, doch diese sind leider nicht mehr sehr schön, sie sind einfach überbevölkert! Wenn ich Freunde oder Leute, die ich kenne, treffe, die durch eine schwere Periode gehen, dann habe ich ihnen meist nur diesen einen Ratschlag zu geben:»Geh zwanzig Minuten lang auf einen Friedhof, und Du wirst sehen, daß Dein Kummer zwar nicht verschwunden, doch fast vergessen und überholt sein wird.« Gerade vor einigen Tagen sagte ich noch einer jungen Frau, die an furchtbarem Liebeskummer litt: »Da Sie nicht weit vom Montparnasse entfernt wohnen, gehen Sie doch über den Friedhof spazieren, nur eine halbe Stunde, und Sie werden sehen, daß Ihnen ihr Unglück annehmbar erscheinen wird.« In einer solchen Lage ist dies auch viel besser, als zu einem Arzt zu gehen; es gibt ja auch kein Medikament, das helfen könnte. Einen Friedhof in einer solchen Lage zu besuchen, ist eine Lektion, eine Lektion in Weisheit! Ich habe stets solche Methoden praktiziert bzw. empfohlen, obgleich sie nicht unbedingt seriös anmuten, doch sie sind in jedem Fall ziemlich wirksam. Was kann man denn überhaupt jemandem Sinnvolles sagen, der völlig verzweifelt ist? – überhaupt nichts oder fast nichts. Mein Ratschlag zeigt sofort seine Wirkung. Ich bin übrigens recht mitfühlend, das mag zwar für viele Leute überraschend klingen, doch ich bin sehr empfindlich, was das Leid meiner Mitmenschen angeht, und bin es immer gewesen. Ich habe sehr vielen Leuten geholfen, viel mehr, als man denken würde. Jemand, der die Verzweiflung nicht kennt und plötzlich in dieser Lage ist, erfährt von einem Augenblick auf den anderen etwas ganz Extremes. Er versteht überhaupt nichts und kann es sich auch unmöglich selbst erklären. Ich habe stets versucht, behilflich zu sein, um den Schmerz zu mildern, habe versucht, die neue Lage zu erklären. Ich gebe denen nicht Recht, die sagen, man kann sowieso nicht helfen, man soll die Leute einfach alleinlassen. In einer solchen

Situation kommt es aber darauf an, ganz radikal die Perspektive zu wechseln, und die einzige Möglichkeit, das Leben auszuhalten, ist in letzter Konsequenz das Bewußtsein vom Nichts. Anders ist das Leben nicht zu ertragen, doch wenn man jene Perspektive des Nichts besitzt, dann kann, geschehe was wolle, nichts einem etwas anhaben, auch das Allerwidrigste erscheint dann irgendwie normal und erfährt nicht jene schmerzliche Deformation, die ihm die absolute Verzweiflung verleiht, die Verzweiflung, die stets übertreibt.

Für einen Schriftsteller sind diese Verzweiflungen fast noch unerträglicher?

Ich kenne einige Schriftsteller, junge Schriftsteller, die versucht haben, etwas zu veröffentlichen, und dabei gescheitert sind, worauf sie sich das Leben nehmen wollten. Ich verstehe das irgendwie, doch es ist äußerst schwierig, jemanden zu beruhigen, der so weit gekommen ist. Das Entsetzlichste im Leben sind vielleicht die großen Niederlagen, und es gibt deren recht viele, für jedermann. Wenn man die Leute in einer solchen Lage kennenlernt, erfährt man das meiste von ihnen, und sehr häufig besuchen mich vor allem junge, völlig verzweifelte Leute, die fühlen, daß sie versagt haben. Es ist eine ganz außerordentlich wichtige Lektion, doch es gibt Menschen, denen es nicht leichtfällt, durch eine solche Krise zu gehen. Es ist eine Sache der Empfindlichkeit, der Nerven, möglicherweise sogar etwas Vererbtes. Trotzdem gibt es diese Krisen in allen sozialen Sphären, und man muß sagen, daß das Versagen im Grunde die Erfahrung des Lebens schlechthin ausmacht. Das ist zwar nicht so schlimm für denjenigen, der auf alles gefaßt ist – was kann ihm denn überhaupt geschehen? –, trifft jedoch die Ehrgeizigen außerordentlich hart, diejenigen, die einen Lebensplan besitzen, die an die Zukunft denken, die eine Zukunft haben. Gerade weil es sich um so etwas Ernstes handelt, sage ich zu den Leuten: »Geht auf die Friedhöfe!«, und es stimmt, die Resultate beweisen es. Es ist die einzige Waffe, um eine an sich tragische Situation zu mildern. Suchen Sie vor allem das Grab eines Freundes auf! Es ist vielleicht absurd, und dennoch hat es nicht nur einen Sinn, sondern es ist, wie gesagt, der einzige Weg, um ein persönliches Drama zu lindern. Man lernt im Grunde im Leben alles, außer gerade dies, wie man eine solche Krise überwinden kann. Und in den literischen Kreisen, die in dieser Hinsicht sehr auffällig sind, gibt es freilich sehr viel Enttäuschungen.

Sie haben bereits als junger Mann, als sehr junger Mensch, in gewisser Weise, wie soll ich sagen, den Tod antizipiert, die Fatalität des Lebens, die Krankheit; Ihr Denken war gleichsam von Anfang an ein tragisches Denken; ein tragischer Denker von 21 Jahren?!

Das ist gewiß, und in meinem ersten Buch »Pe culmile disperării« ist das Nachfolgende bereits vorhanden, alles, was ich später geschrieben habe. Das Buch wurde übrigens vor einiger Zeit wiederveröffentlicht, und zwar auf rumänisch, allerdings nur in einer recht kleinen Auflage von ungefähr 500 Exemplaren. Es ist ein sehr schlecht geschriebenes Buch, ohne jeglichen Stil, ein verrücktes Buch, doch all das Spätere steht schon dort. Man kann es nicht übersetzen, denn es ist in einem solch schlechten, ›rumänischen‹ Stil verfaßt, ohne jegliche Strenge, einfach drauf los, doch meine späteren zentralen Themen wie die Obsession des Selbstmordes usw. findet man bereits in jenem Werk eines Zweiundzwanzigjährigen. Es ist das Buch eines Schlaflosen, ein zu schnell geschriebenes Werk. Ich habe die Schlaflosigkeit übrigens erst nach sieben »durchwachten« Jahren, 1937, als ich nach Frankreich kam, überwunden. Und es geschah dadurch, daß ich, wie bereits gesagt, Frankreich mit dem Rad durchquert habe. Ich war monatelang unterwegs und übernachtete meist in Jugendherbergen, und die körperliche Anstrengung, während eines Tages 100 km und mehr zurückzulegen, hat mich geheilt. Wenn man täglich 100 km fährt, muß man schlafen, man kann nicht anders, und auf diese Weise habe ich die Krise überwunden. Das heißt nicht durch Reflexionen, Grübeleien oder dergleichen, sondern allein aufgrund der körperlichen Anstrengung, die mir, ich muß es gestehen, zugleich behagte. Ich war also ständig draußen, und erst dort habe ich Frankreich wirklich begriffen, denn ich traf auf viele einfache Leute, auf Arbeiter, junge Menschen usw., und es war für mich in jeder Hinsicht eine sehr fruchtbare Erfahrung.

Doch Ihre Weltanschauung war bereits von der Schlaflosigkeit geprägt?

Ja, doch die Pathologie hat sich verändert. Meine Sicht der Dinge war zwar ausgereift, doch verlor sie auf einmal ihre morbide Grundlage, denn von dem Augenblick an, in dem man die Augen schließen kann und schläft, handelt es sich nicht mehr um die gleiche Spannung. Der einzige Fortschritt , den man im Leben machen kann, ist intensiver zu leben, doch auf die Dauer wird das intensive Leben unerträglich, und das gespannte und äußerst intensive Leben, das ich hatte, wurde mir in der Tat unerträglich.

Sie mußten also nicht wie Michaux zu Drogen greifen, um die Intensität zu erhöhen?

Überhaupt nicht. Ich war auch nie mit Michaux einverstanden, was seine Verwendung von Drogen anging, nur um gewisse Visionen zu haben. Und vor allem war ich dagegen, weil es sich in seinem Falle um sehr vernünftige Experimente ohne jegliches Risiko handelte, Experimente, die angestellt wurden, nur um darüber schreiben zu können. Ich war stets dagegen und der Meinung, daß sich ein solcher Aufwand nicht lohnt. Diese Seite seines Werkes scheint mir die problematischste und hinfälligste zu sein. Ich habe es ihm selbst nie gesagt, denn wir waren sehr gute Freunde, und ich konnte es ihm also nicht wirklich sagen. Entweder man kennt einen gewissen Bewußtseinszustand aufgrund einer Fatalität, oder aber man verzichtet darauf, darüber zu sprechen. Es war etwas Artfizielles, doch Michaux hatte ja etwas von einem Arzt an sich, er hatte eine starke wissenschaftliche Schlagseite. Er sah sich oft wissenschaftliche Filme an, ganz fürchterliche Filme, und da er damals hier in meiner Nähe wohnte, ging ich manchmal mit ihm und sah mir so manches an und fand es furchtbar langweilig. Michaux hätte einen hervorragenden Chemiker oder einen großen Arzt abgegeben. Ich war aber nie damit einverstanden, daß er gewisse morbide Zustände künstlich hervorrief, es war ein großer Fehler, seinerseits als Dichter auf wissenschaftliche Verfahren zurückzugreifen.

Sie sagten, daß Sie nicht mehr schreiben wollen; glauben Sie, daß dieses ›Versprechen‹ gehalten werden kann?

Ich weiß es nicht, doch es ist sehr wahrscheinlich, daß ich nichts mehr schreiben werde. Mich ekeln all diese Bücher an, die ständig herauskommen, die Tatsache, daß jeder Autor zumindest ein Buch jährlich veröffentlicht, es ist ungesund, falsch. Ich möchte nicht mehr schreiben, möchte darauf verzichten können, und jetzt gefällt es mir auch weniger zu schreiben als früher. Man braucht zum Schreiben ein Mindestmaß an Enthusiasmus, man benötigt eine gewisse Erwartung. Wenn man daran geht, ein Buch zu schreiben, gibt es eine Art Komplizität: das Buch ist gleichsam ›außerhalb‹ von einem selbst, und es bedarf einer gewissen Konspiration zwischen den beiden. Ich sehe kein Interesse mehr darin, und dann habe ich es auch satt, gegen die Welt zu schimpfen, gegen Gott, es ist die Sache einfach nicht Wert.

Doch insgeheim, in Gedanken, geht die Kritik und Beschimpfung weiter?

Viel weniger, notwendigerweise. Es gibt eine Art der Resignation als Ergebnis des Alterns, und die Müdigkeit ist nun ein sehr reales Faktum. Und dann soll man auch nicht alles aussprechen, alles niederschreiben wollen! Man kann zwar immer schreiben, doch wenn man dabei keiner inneren Notwendigkeit gehorcht, dann handelt es sich nur noch um Literatur. Und das will ich nicht. Ich habe immer an das geglaubt, was ich schrieb – es ist vielleicht eine Naivität meinerseits –, und es ist nicht sehr gut für mich und steht eigentlich in Widerspruch zu meiner Weltanschauung, sei's drum, es ist halt nunmehr so. Man sollte sich nicht selbst betrügen, obwohl, absolut betrachtet, Sich-Betrügen oder Sich-Nicht-Betrügen nicht viel besagt. Verstehen Sie, man vermag zwar im Bewußtsein des Nichts zu leben, und trotzdem, man kann nicht alle Konsequenzen ziehen. Wenn man ans Nichts glaubt, ist es natürlich völlig absurd und sogar lächerlich, ein Buch zu schreiben, weswegen eigentlich ein Buch schreiben? Und für wen? Doch es gibt gewisse innere Notwendigkeiten, die nichts mit dieser Auffassung zu tun haben, Notwendigkeiten anderer, intimerer und geheimnisvollerer Art, irrational, wenn Sie so wollen. Das Bewußtsein vom Nichts ist selbstverständlich mit überhaupt nichts vereinbar, mit keiner Geste und auch die Idee der Authentizität hat nichts zu bedeuten, jede Äußerung wird sinnlos. Doch es gibt dann doch noch diese geheimnisvolle Vitalität, die einen dazu treibt, etwas zu tun. Und vielleicht trifft das für das Leben insgesamt zu, wofür man sonst soviel große Worte benützt: daß man Dinge tut, ohne wirklich daran zu glauben, ungefähr soviel.

Gespräch mit

EMMANUEL LÉVINAS

Emmanuel Lévinas, nimmt Ihr Werk in der zeitgenössischen Philosophie eine Sonderstellung ein?

Ich glaube nicht, daß ich die richtige Person bin, um mein Werk in dieser Weise einzuordnen. Ich weiß natürlich, welche Philosophen für mich selbst von Bedeutung sind, doch vermag ich schlecht jene Philosophiegeschichte zu entwerfen, deren Vertreter ich gleichzeitig bin.

Würden Sie sich nach wie vor als Philosoph in der phänomenologischen Tradition ansehen?

Ganz gewiß! In der Phänomenologie würde ich am ehesten meinen Platz sehen, ohne jedoch die Hypothesen oder Doktrinen der phänomenologischen Schule, wie sie von deren Begründern formuliert wurden, wiederholt zu haben. Die Nähe zur Phänomenologie bedeutet für mich in erster Linie eine ganz bestimmte Zugangsart zu den Sachen, eine Methode, die Art und Weise, wie man eine Idee entwickelt. In diesem Sinne fühle ich mich dem, was Husserl und Heidegger gelehrt haben, äußerst verbunden. Heidegger wohlgemerkt in der Art, wie er die Phänomene angeht, die Art seiner Fragestellung, und keineswegs seine Schlußfolgerungen oder einzelnen Hypothesen betreffend.

Das »zu den Sachen selbst« hat also nach wie vor seine Aktualität?

Ich würde hier differenzieren wollen: es geht nämlich darum, wie man »zu den Sachen selbst« vordringt. Was uns die Phänomenologie beigebracht hat ist, daß die philosophischen Begriffe und Dinge, von denen wir in der Regel sprechen, solange Abstrakta bleiben, bis wir nicht präzise die menschliche Situation umschreiben, in der diese sich zum ersten Mal zeigen. Wie kommt es denn überhaupt zu diesen Begriffen und Dingen? Die Phänomenologie geht vom Menschen aus, um von dort aus die wirkliche Konkretheit der Begriffe zu rekonstruieren. Ohne diese notwendige Konkretheit bleibt das Auge desjenigen, der diesen Begriff besitzt, geschlossen, blind. Diese phänomenologische Situierung der Begriffe scheint mir außerordentlich wichtig, rekonstruiert sie doch gewissermaßen den Geburtsort der Ideen, die ursprüngliche Situation und Konstellation, in der sie einen Sinn haben.

Sprechen wir zuerst von Ihren eigenen Ursprüngen. Man spricht heute oft von Litauen, wo sie geboren sind. Hat dieses Gebiet für Sie nach wie vor eine Gegenwart?

Wenn ich an Litauen denke, so gibt es einerseits Kindheitserinnerungen, und andererseits denke ich an meine Verwandten, die dort von den Deutschen ermordet wurden, ohne daß sich jene, die um sie herum lebten, viel darum geschert hätten. Ich bin in dieser Hinsicht nicht nachtragend, doch muß ich sagen, daß Litauen in meinem gegenwärtigen Leben keine besonders wichtige Rolle spielt. Was noch fortlebt, außer der Landschaft meiner Kindheit, ist die russische Sprache sowie der Geist des litauischen Judentums. Dieser Sprachraum hat mich geprägt.

Sie haben oft von der Bedeutung prä-philosophischer Erfahrung gesprochen, von der Bedeutung bestimmter Lektüren *vor* dem eigentlichen Studium der Philosophen...

... das hängt wohl mit der russischen intellektuellen Tradition zusammen. Man stößt dabei in recht frühen Jahren auf das Problem des Schicksals oder beschäftigt sich mit Fragen wie jener nach dem Sinn des Lebens. Der Literaturunterricht in einem russischen Gymnasium kam immer wieder auf diese eine Frage zurück: Was ist der Sinn des Lebens? Und diese Art des vorphilosophischen Fragens führte dann zum eindringlicheren Reflektieren. Was die verschiedenen Lektüren angeht, so würde ich sie alle in der Bibel zentriert wissen: Die große russische Literatur, die ich damals kennenlernte, ist nicht wirklich grundverschieden von der großen Literatur eines Goethe, Shakespeare oder Molière.

Sie haben jedoch immer wieder auf das Besondere Dostojewskijs hingewiesen?

Es handelt sich bei ihm wirklich um einen ganz besonderen Fall, und es geht dabei um den Begriff des Menschen selbst. Mir geht es ja allgemein um die Gewinnung dieses Menschenbildes, um den eigentlichen Humanismus des Menschen. Der abendländischen, westlichen Philosophie geht es nicht um dieses Menschenbild: es handelt sich nicht um das Subjekt der Philosophiegeschichte, das konstruktive, positive Subjekt, sondern im Gegenteil, um jenen, der die Verantwortung für die Welt auf sich nimmt. Es geht mir darum, daß das Humane mit dieser Verantwortlichkeit für den Anderen und der Sorge für den Anderen anfängt; das Bewußtsein, daß dieses Ich, das da ist, auserwählt ist, verantwortlich zu sein für die Welt, d. h. für all die Anderen in der Welt. Deswegen zitiere ich immer wieder den Satz Dostojewskijs: »Ein jeder von uns ist verantwortlich für alles und alle und ich selbst mehr als jeder andere.« Die Situation des einzelnen Ich ist in diesem Sinne wirklich einzigartig. Die Literatur, die auf diesen Zug des Menschen hinweist, würde ich, wie gesagt, biblisch nennen. Biblisch sind diese Bücher auch noch in einem anderen Sinne, nämlich dadurch, daß sie gewissermaßen vom Leser selbst geschrieben und fortgeschrieben werden. Was mit dem biblischen Text geschieht, d. h. dieser endlose Kommentar, dieses Immer-wieder-von-neuem-Auslegen, eignet auch dieser Literatur, als ob auch sie prophetisch wäre, als ob derjenige, der geschrieben hat, dabei mehr gesagt hätte, als er hat denken können, als ob es ein Denken gäbe, das mehr zu denken vermag, als es denkt.

Eine Art Gnade?

Ich weiß nicht, ob es sich um eine Gnade handelt. Mir geht es um dieses erstaunliche geistige Phänomen, daß man mehr denkt, als man eigentlich denken kann, und ich beziehe mich hier natürlich auf Descartes. Descartes' Vorstellung des Unendlichen ist nämlich genau diese: mehr denken zu können, als man gedacht haben kann. Das ist für mich die tiefste Paradoxie des Menschlichen und des Geistlichen.

Waren Sie schon in Litauen ein eifriger Bibelleser?

Ich habe sehr früh angefangen, die Bibel zu lesen. Ich las sie damals auf eine bestimmte Weise, und ich lernte erst sehr viel später eine radikal andere, neue Art des Lesens in Frankreich kennen. Ich habe das oft beschrieben: daß ich das Glück hatte, eine ganz außerordentliche Person kennenzulernen –

– Herrn Chouchani?!

Ganz genau. Er ist inzwischen gestorben. Es handelte sich keineswegs um eine beruhigende oder irgendwie unterhaltsame Begegnung. Er war ein einzigartiger Mann, der übrigens gar nicht ›prophetisch‹ aussah, im Gegenteil, man hätte gesagt ein Clochard, so verwahrlost war sein Äußeres. Er brachte mir also diese neue Art des Lesens bei. Es handelte sich wirklich um eine seltsame Art Mitmenschen! Er hat mir übrigens keine neuen Kenntnisse beigebracht, sondern eine gewisse Art des Zugangs zum heiligen Text.

Die Bibel ist demnach für Sie zweifellos das Buch der Bücher?

Ich behaupte es jedenfalls. Es kommt darauf an, alle Bücher so zu lesen, daß man sich dabei kein Bild macht. Die meisten Menschen lesen Bücher als Bilder-Bücher: sie bleiben bei einem Bild stehen, das ihnen entscheidend erscheint, das für sie repräsentative Funktion besitzt. Ohne Bilder zu lesen heißt, daß dasjenige, was man liest, noch zu interpretieren ist. Und dieser mein Meister Chouchani brachte mir bei, ohne Bild(er) zu lesen. Ich weiß natürlich nicht, ob ich nach wie vor ein guter Leser in seinem Sinne bin. Eine Lektüre kann ja gelingen oder auch nicht, und es hängt auch vom Talent des Lesenden ab. Dieser Mensch war auch deswegen ganz außerordentlich, weil er nie etwas veröffentlicht hat.

Kehren wir noch einmal zur Vergangenheit zurück. Die erste wichtige Etappe nach Litauen war Straßburg?!

Straßburg bedeutete für mich ganz einfach Europa! Ich will nicht ungerecht gegen Litauen sein: die Leute dort sind in der Regel sehr freundlich, es ist ein schönes Gebiet usw., doch Litauen hat mich als solches nicht wirklich geprägt. Der litauische Jude, der an der Grenze Europas wohnt, hat sich schon immer von Europa angezogen gefühlt, und es ist Europa mit all seinen Geheimnissen und seinem Prestige, das wirklich zählt! Meine Eltern wollten damals, und ich wollte es natürlich auch, daß ich studierte. Es war 1923, und ich hatte zunächst vor, nach Deutschland zu gehen, doch aus persönlichen und materiellen Gründen kam das dann nicht zustande. So wählte ich schließlich einen Studienort nicht weit von meinen Eltern entfernt, und das war Straßburg. In Straßburg lernte ich einige französische Philosophieprofessoren kennen, denen ich sehr viel verdanke. Es war eine wirkliche Entdeckung für mich.

Und Sie entdeckten zugleich die französische Philosophie?

Ja, doch nicht nur das. Übrigens lernte ich damals auch einen Philosophen kennen, der heutzutage nicht wirklich gewürdigt wird, Henri Bergson. Die Professoren, die ich in Straßburg hatte, waren natürlich eigenständige Geister, doch sie alle waren mehr oder weniger direkte Schüler Bergsons. Und diese Atmosphäre Mitte der zwanziger Jahre, die ich übrigens oft beschrieben habe, war wirklich außerordentlich.

Sie setzen sich stets für die Wiederentdeckung Bergsons ein?!

Ja, durchaus. Ohne Bergsons Analyse der Zeit hätte es m. E. *Sein und Zeit* nicht geben können. Bergson wird in *Sein und Zeit* übrigens gar nicht zitiert, und ich bin mir gar nicht sicher, ob Heidegger ihn viel gelesen hat. Doch der Geist Bergsons ist in *Sein und Zeit* vorhanden, die Idee der Zeit als Dauer, der Zeit, über die die Wissenschaft nicht verfügt.

Bergson war jedoch auch wichtig für Ihre eigene Philosophie der Zeit?

Ja. Die Bergsonsche Dauer ist in dessen letzten Büchern, und zwar vor allem in seinem letzten Buch, die Relation zum Anderen selbst, die Relation zu Gott und zum Anderen. Nicht das Sein hat das letzte Wort für Bergson, sondern diese Dimension des Werdens, freilich nicht im Sinne der antiken Philosophie eines Heraklit oder Parmenides. Das Paradigma der Dauer ist die Relation zum Anderen oder, wenn man so will, die Liebe. Ich weiß, daß man dieses Wort nicht mehr in diesem Sinne gebrauchen möchte, doch ich finde es adäquat. Das Wort »hesed«, das im Hebräischen Liebe bedeutet, kann adverbiell verstanden werden als »liebend«, d. h. als reine Liebe. Wahrhaft lieben, heißt unvoreingenommen lieben, wie bereits Pascal bemerkt hat, und die Bergsonsche Dauer hat m. E. Teil an dieser Dimension reiner, interesseloser Liebe. Es geht wohlgemerkt nicht um eine Form der Gegenseitigkeit, sondern um das Interesselose (an) der Liebe. Bergson war philosophiegeschichtlich der Vorgänger Heideggers, doch er wies dabei mit seinem Spätwerk auch in eine andere, wichtige Richtung.

Wie entschieden Sie sich dazu, bei Husserl studieren zu wollen?

Wie so manches in meinem Leben verdanke ich auch dies dem Zufall. Es gab in Straßburg natürlich Husserlsche Reminiszenzen, d. h. es gab Leute, die noch vor dem I. Weltkrieg bei Husserl in Freiburg studiert hatten.

Dazu kam ja die Nähe Freiburgs...

... nicht nur Nähe! Straßburg war ja eine deutsche Stadt! Es gab demnach in Straßburg Husserlianer, und ich hatte auch Kontakt mit Studenten, die sich mit ihm beschäftigten. Wichtig war jedoch vor allem Jean Hering, Professor an der Theologischen Fakultät, ein Mann, den ich regelmäßig sah. Er war ein sehr aufgeschlossener Geist und ein Schüler Husserls der ersten Periode, jemand, für den Husserls späterer transzendentaler Idealismus große Schwierigkeiten mit sich brachte.

Also ein Adept der Logischen Untersuchungen und der Ideen?

Nicht der *Ideen*, das war für ihn schon problematisch. Es war Hering, der mich auf Husserl aufmerksam gemacht hat, und bevor ich zu ihm nach Freiburg ging, zeigte mir Hering einen Band aus den *Phänomenologischen Jahrbüchern*: es war natürlich ein Exemplar von *Sein und Zeit*, das ja in Husserls Jahrbüchern erschienen ist, und ich fragte ihn: Was ist das, stammt es von einem neuen Autor? Und Hering, der das Buch gerade erhalten und nur durchblättert hatte, sagte: »Ich glaube ja, und es hat wirklich eine originelle Seite!« Später las er es dann natürlich...

Wie waren denn Husserls Seminare?

Husserls redete ohne Unterlaß. Ich habe aber Husserl in seinem letzten Lehrjahr überhaupt, kurz vor der Emeretierung, kennengelernt. Ich wiederhole mich recht ungern, doch in diesem Zusammenhang kann ich es vielleicht doch tun: Ich ging nach Freiburg, um Husserl zu suchen, und habe dort Heidegger gefunden. Husserl war der Professor, der ging, und man spürte irgend etwas Neues in der Luft. Es war 1928, und wir Studenten ahnten irgendwie diesen einzigartigen Wechsel von einer Größe zur anderen. *Sein und Zeit* war ja ein Jahr zuvor erschienen. Husserl trug damals Husserl vor und sprach von seinen philosophischen Problemen, und wenn man damals einhakte oder nach etwas fragte, so vergaß er einen sofort in seiner Antwort und sprach immer weiter. Er hatte im Grunde seine Mithörerschaft vergessen.

Sprach Husserl damals von den Problemen der Lebenswelt und der Inter-subjektivität?

Auch, doch es ging ihm in erster Linie um die Bedeutung der sogenannten mikroskopischen Analysen. Er betonte stets die Differenz zwischen der Philosophie von oben herab und jener, die bei den heiklen Details einsetzte. Er hatte uns jungen Studenten gegenüber diesen strengen Ton und nahm uns wohl nicht immer für voll. Obgleich wir jung waren, waren wir recht gut vorbereitet. So hatte ich, bevor ich zu ihm gekommen war, alles gelesen, was er veröffentlicht hatte. Ich bewunderte außerordentlich, was ich gelesen hatte: es waren das die *Logischen Untersuchungen*, die *Ideen* und *Philosophie als strenge Wissenschaft*. Husserls Größe, seine Majestät und Souveränität wirkten auf uns, und es gab von seiner Seite aus wirklich keine falsche Note. Doch um ihn herum rumorte es...

Seine Größe war aber durch Heidegger bereits in Frage gestellt worden?

Sie wurde zunächst nicht wirklich in Frage gestellt oder gefährdet, denn Husserl dachte, daß Heidegger seine eigene Lehre variieren würde, mit einigen originellen Zutaten. Das änderte sich dann recht schnell, als Heidegger mit seinem Hofstaat in Freiburg ankam. Er brachte aus Marburg eine große Schar von Studenten mit, die seine Seminare belegten. Ich besuchte Heideggers Seminar ein Semester lang, und der Unterrichtssaal war stets brechend voll, man mußte vorzeitig seinen Platz reservieren.

War Heideggers Unterricht radikal verschieden von jenem Husserls?

Ganz verschieden! Heidegger hatte eine sehr dogmatische Art zu reden. Wenn ich später Hitler hörte, mußte ich oft an Heidegger denken. Heidegger sprach so, als würde er politische Erklärungen von sich geben. Doch man hatte gleichzeitig den Eindruck einer ungeheuren Veränderung der Philosophie selbst. Die Philosophie, das war ein Weg, auf dem viele vorbeigegangen waren, manche hatten auch dauernde Spuren hinterlassen, wieder andere hatten nur etwas Papier fallenlassen, und plötzlich war da jemand, und die Philosophie selbst sprach gewissermaßen zu einem.

Es war auch eine große Befreiung?

Nicht nur eine Befreiung, es war wie Magie!

Es ist vor allem der Heidegger von *Sein und Zeit*, den Sie schätzen und den Sie schätzten?

Bis heute ist es jener Heidegger, den ich kenne, d.h. seine Analysen der Befindlichkeit, der Faktizität, usw.

Wo liegt die revolutionäre Bedeutung von *Sein und Zeit*?

Sie liegt m. E. vor allem in Heideggers Rückgang auf die »verbale« Seite des Seins, daß er das Sein als Verb bedenkt. Für uns Franzosen, die das Sein immer als Substantiv fassen, ist dies besonders schwer zu gegenwärtigen. Und dann zählt natürlich auch die Sprache, die Heidegger entwickelt hat, um die philosophischen Probleme auszudrücken. Und dann die Entwicklung einer neuen, ich würde sagen, adverbialen Fragestellung: daß man nicht nach dem Wort, nach diesem oder jenen Ausdruck fragt, sondern nach dem »Wie?«. Ich habe Heidegger und mit ihm Freiburg noch vor Hitler verlassen. Man munkelte zwar bereits damals darüber, daß Frau Heidegger Hitlers Putsch von 1924 unterstützt habe, daß sie mit den Putschisten sympathisiert habe. Bei Heidegger habe ich aber nichts davon gemerkt; er war stets äußerst korrekt. Er lud mich übrigens auch ein, an einem Treffen teilzunehmen, das als Treffen Heidegger-Cassirer bekannt werden sollte.

In der Schweiz?

In Davos. Es war eine recht außerordentliche Zusammenkunft, denn Cassirer repräsentierte natürlich eine gesamteuropäische Philosophie, nämlich den Neukantianismus. Leon Brunschvicg nahm übrigens auch an diesem Treffen teil, zusammen mit einigen seiner Studenten von der Ecole Normale. Um auf Heideggers Originalität und Größe zurückzukommen, so möchte ich hinzufügen, daß nicht so sehr die Thematisierung des Seins allein beeindruckend war, sondern die Tatsache, daß er verschiedene Arten des Seins voneinander abhob: z. B. daß die Vorhandenheit nicht mit der Zuhandenheit zu verwechseln war. Die Erörterung der Zuhandenheit, d. h. der Dimension, die sich der Hand anbietet oder den Füßen auf dem Gehsteig – das war eine ungeheure Innovation!

Wie haben Sie Heideggers weniger als ein Jahr während Stellungnahme für die Nazis erlebt?

Ich habe sie nicht direkt erlebt, denn ich blieb ja bloß einen Semester lang in Freiburg.

Ich meine, als Sie davon erfuhren...

... Das habe ich auch schon öfters erzählt. Es war Alexandre Koyré, der nach einem Aufenthalt in Deutschland nach Frankreich zurückkehrte, der uns erzählte, Heidegger sei Nazi geworden.

Das muß ein ungeheurer Schock gewesen sein?

Ein unvorstellbarer Schock! Was Hitler im Leben eines Juden ausmacht, ist nicht auszudrücken. Daß ein Universitätsprofessor und Philosoph von dieser Größe sich darin verstrickt hatte! Ich habe vor einiger Zeit in der FAZ darüber geschrieben. Ich bin nicht der Ansicht, daß es nur eine schreckliche Sache ist, die dem Einzelmenschen Martin Heidegger widerfahren ist, es handelt sich keineswegs um eine Privatsache, sondern um eines jener entsetzlichen Ereignisse, die dieses Jahrhundert geprägt haben. Daß sich dies wirklich hat zutragen können, daß Heidegger, einer der vier oder fünf Philosophen in der Philosophiegeschichte überhaupt, sich so hat verhalten können, daß er nicht nur hat ertragen und folgen wollen, sondern aktiv gehofft hat, ohne später auch nur ein Wort der Entschuldigung gefunden zu haben, daß er zu keinerlei mea culpa gefunden hat, diese Tatsache allein genügt um unser Jahrhundert verdammenswert zu machen.

Hätten Sie nach dieser Periode Heidegger noch die Hand reichen können?

Es kam nie zu einer solchen Gewissensfrage für mich. Ich weiß nicht, ob es wirklich darum geht. Es gibt andere Hoffnungen, die weiter reichen, als diese Geste des Sich-die-Hände-Reichens.

Ich dachte in diesem Zusammenhang auch an die Bedeutung der Begegnung in Ihrer Philosophie und spezifisch an die Begegnung zwischen Philosophen. Sie sprachen ja zuvor vom Treffen Heidegger-Cassirer...

... Cassirer und Heidegger waren sich uneins, es herrschte sogar ein, ich würde sagen, absoluter Dissens zwischen den beiden, doch hätte damals niemand an die spätere Entwicklung Heideggers gedacht.

Sie sprechen in Ihren Werken immer wieder vom Dialog. Wann gelingt ein Dialog wirklich?

Ich weiß es nicht! Ich weiß generell nicht, ob der Dialog überhaupt gelingt!

GESPRÄCH MIT ...

Wo sind die Möglichkeiten des Dialogs?

Es handelt sich ja beim Dialog nicht um eine kontinuierliche Form. Der Dialog betrifft den Gesprächspartner, den Anderen, doch sage ich damit nur sehr elementare Dinge. Ich selbst bin übrigens nicht für eine Philosophie des Dialogs, und ich glaube, dieser Ausdruck wird zu Unrecht auf meine Untersuchungen bezogen. Ich sage, daß man Mensch ist, wenn man für den Anderen Verantwortung trägt, Punkt. Der Dialog bringt eine ganz andere Dimension mit sich: daß man auf den Anderen hören muß, daß man antworten muß usw.; er entbindet einen gerade einer bestimmten Verantwortung.

Und die Lektüre? Die Begegnung mit dem Anderen durch ein Buch? Diese Begegnung ohne das Antlitz des Anderen...

Ich weiß nicht, ob es dabei kein Antlitz gibt. Das Antlitz (visage) ist ja nicht etwas, was man unbedingt anschaut. Das Antlitz des Anderen ist nicht primär dasjenige, das man anschaut, sondern dasjenige, das einem befiehlt, das einem begegnet, ein Antlitz, das unglücklich ist. Ich sehe das Antlitz ganz und gar nicht im Zusammenhang einer Dialogsituation! Ganz im Gegenteil hängt alles, die Existenz selbst, mit dem Antlitz des Anderen zusammen, und es geht nicht um eine Art des sensationellen Zusammenkommens mit dem fremden Antlitz. Es gibt keine Offenbarung des Antlitzes! Es ist ja nicht so, daß ich vom Antlitz spreche, einfach weil ich viele Gesichter gesehen habe!

Weswegen steht dann das Antlitz im Zentrum Ihrer Philosophie?

In der Phänomenologie des Antlitzes geht es um die absolute Nacktheit und Schutzlosigkeit des Anderen. Das Antlitz des Anderen herrscht über einen: darin liegt eine ungeheure Autorität und das Elend des Anderen zugleich. Meistens nehmen wir das Antlitz des Anderen nur wahr, ohne es ernstzunehmen, das fremde Antlitz wird zu einem bloßen Zeichen, wie ein Paßfoto.

Etwas Anonymes?

Nicht anonym, im Gegenteil: wir sehen ja die Augenfarbe oder die Form der Nase, Charakterzüge usw. Doch das ist nicht das Antlitz in meinem Sinne: das Antlitz ist dasjenige, das einen verpflichtet, jemandem vor der Tür zu sagen:»Nach Ihnen, mein Herr!« Ich behaupte übrigens oft, daß meine ganze Philosophie in dieser Geste zusammengefaßt werden kann:»Nach Ihnen, mein Herr!« Das Antlitz möchte ich in diesem Sinne verstanden wissen und nicht aufgrund irgendwelcher visueller Kategorien.

Sie sprechen auch von der Ambivalenz des Antlitzes – einerseits verpflichtet es einen zum Respekt, anderseits liegt gerade in seiner Nacktheit eine Einladung, das fremde Wesen zu töten...

Das stimmt, denn das Antlitz ist Ihnen wirklich ausgeliefert in seiner absoluten Nacktheit, es wartet gewissermaßen auf Ihr Messer. Es geht natürlich um das Verpflichtende, das mit dem Antlitz geboten wird, und die Erfahrung des Anderen hat hier ihren Ursprung. Sie ist aber, wie Sie sagen, doppeldeutig: einerseits verpflichtet sie, anderseits eignet sie jemandem, der nehmen, unterjochen, beherrschen, zerstören will. Die Beziehung zum fremden Antlitz hat aber nichts Larmoyantes an sich, es ist ein Phänomen an der Grenze. In einem meiner kleinen Bücher gehe ich so weit, das Antlitz als das Wort Gottes zu bezeichnen. Es kommt natürlich darauf an, die verschiedenen Momente der Begegnung des Antlitzes adäquat zu beschreiben, doch am wichtigsten ist diese bindende, verpflichtende Macht des Antlitzes.

Und das Antlitz des Anderen ist zugleich der Grund für die Verantwortlichkeit?

Ja, der Verantwortung für den Anderen, nicht für einen selbst. Da ich für den Anderen verantwortlich bin, ist dieser Andere für mich einzigartig in der Welt. Die reine Liebe, von der ich zuvor sprach, ist aber nichts anderes als die Erfahrung dieses Einzigartigseins des Anderen. Er ist alles, unersetzlich! Ich selbst bin aber erwählt, für den Anderen verantwortlich zu sein, und besitze nicht einfach diese Verantwortlichkeit. Die Einzigartigkeit des Anderen meint hier wohlgemerkt etwas ganz anderes als Individualität. Was man Ich nennt, ist kein Individuum, es ist kein Fall unter anderen Fällen, es ist nicht etwas, das der Logik der Unterscheidung von Art und Individuum gehorcht. Der Andere begegnet ja auch nicht in der Sphäre der Anderen, d. h. der Vielen, sondern in dieser besonderen Sphäre der Verantwortlichkeit. Diese Einzigartigkeit in der Beziehung des europäisch-abendländischen Menschen zum Anderen ist von größter Bedeutung. Wir leben ja in einer Welt, in der jeder Dritte seinerseits als Anderer wahrgenommen und ernstgenommen sein will. Um auch für ihn verantwortlich zu sein, muß ich eine Entscheidung treffen: denn wie verhält sich denn seine Einzigartigkeit zu jener eines Anderen? Wie soll ich mich entscheiden? Kann ich denn beide lieben? Nein: ich kann nicht beide lieben. Also muß ich mich entscheiden, und das heißt, ich bin gezwungen zu vergleichen. Ich muß also mein Wissen zu Hilfe nehmen, muß urteilen. Das, worum es bei dieser Entscheidung geht, ist, ob ich dem Anderen in seiner Einzigartigkeit noch gerecht werden kann. Nur darum geht es! Ich möchte, um dies abzuschließen, etwas aus dem Talmud zitieren. In der Bibel heißt es: Man soll nicht das Antlitz des Anderen anschauen, wenn man urteilt. Das heißt: das Nebensächliche hat im Urteil nichts zu suchen. Andererseits heißt es jedoch in der Bibel, daß Gott Dir sein Antlitz zuwendet. Sein Antlitz an Dein Antlitz gewandt! Wie ist dies vereinbar? Rabbi Akiba sagt: schaue nicht das Antlitz, bevor du geurteilt hast, schaue es an, nachdem du geurteilt hast!

Gespräch mit

ANDRÉ DU BOUCHET

André du Bouchet, erinnern Sie sich an das erste Gedicht, das Sie geschrieben haben?

Ja, und zwar sehr genau, denn es handelt sich um ein Gedicht, das mir zwar nicht gerade ›diktiert‹ worden ist, daß sich mir aber trotzdem in einem Traum mitgeteilt hat; dies geschah noch in den USA, und dieses Gedicht kommt dann auch in meinem ersten Gedichtband, *Air*, vor, wo es aber, um seine Besonderheit aufzuzeigen, kursiv gesetzt ist. Später habe ich dieses incipitorische Gedicht nicht mehr aufgenommen; es handelt sich um einen Text, dessen etwa 15 Zeilen im Traum völlig durchkomponiert waren; ich wachte ganz plötzlich auf und schrieb ihn dann nieder; in diesem Gedicht, das ich transkribiert habe, ist auch vom Erwachen die Rede, vom Erwachen, das der Schlaf bedingt, von Erinnerungen an den Frühmorgen in Paris, wie ich ihn einst gekannt hatte. In diesem Gedicht gibt es dann auch die eine zentrale Zeile:»La littérature ne démissionne jamais« (Die Literatur gibt nie auf). In der späteren Ausgabe von *Air*, deren Veröffentlichung von Francis Ponge vermittelt wurde, kam dann das Traum-Gedicht nicht mehr vor; dem Herausgeber, Jean Aubier gefielen meine Gedichte sehr gut, doch diese eine Zeile:»Die Literatur gibt nie auf« verstand er nicht, denn was ihm in meinen Texten gefiel, war gerade ihr nicht-literarischer, ihr spontaner und ganz direkter Charakter, und diese eine Zeile schien dem Rest zu widersprechen.

Sie sind also regelrecht zur Dichtung erwacht?

Es handelte sich, vor allem bei diesem einen Satz, um die Selbstbehauptung des Literarischen, um die unmittelbare, präzise Affirmation des Wortes, jenseits aller Sentimentalität.

Haben Sie in der Folge versucht, das, was Sie geträumt hatten, in Ihr Werk zu ›übersetzen‹?

Nein, denn diese Zeilen, die sich mir im Traum gezeigt hatten, waren klar und eindeutig, so daß ich sie unmittelbar aufschreiben konnte, ohne sie umsetzen zu müssen. Das ist mir übrigens später nie mehr passiert. Ich sagte mir aber damals: Das ist dein Gedicht, und du bist jetzt ein Dichter! Vielleicht war das gar kein gutes Gedicht, aber darum ging es gar nicht. Der Kursivdruck in der Erstausgabe von Air gibt diese Besonderheit gut wieder, die Differenz zu den anderen Texten der Sammlung.

Ich dachte mit meiner Frage mehr daran, ob Sie versucht haben, was Ihnen im Traumdiktat erschienen war zu begreifen, ob es zu einer Art lyrischer Traumdeutung gekommen ist?

Der Traum war, wie ich bereits erwähnt habe, recht deutlich: Es gab eine Stadt, mit von Pferden gezogenen Fahrzeugen, das Bild des Paris, das ich als Kind gekannt hatte und das ganz und gar abstach von den Straßen Cambridges (Massachusetts) in den USA, das ich damals bewohnte und wo ich diesen Traum hatte. Es gab in diesem Traumtext einen Milchwagen, auch dieser von Pferden gezogen, und die Pferde hatten in meiner Kindheit einen furchtbaren Eindruck auf mich gemacht, ich hatte eine schreckliche Angst vor den Pferden, die einem überall begegneten. In den engen Strassen von Paris hatten die Pferde oft Mühe, die Wagen zu ziehen. Ich erinnere mich an Umzugswagen, die von bis zu 7 oder 8 Pferden gezogen wurden und dabei auf dem Gehsteig fuhren; wenn ich von der Schule zurückkam und auf der Straße zwischen den Häuserwänden und dem wenigen Platz, der auf dem Trottoir übrigblieb, ganz nahe an den unheimlichen Pferdeleibern vorbeigehen mußte, an diesen Mäulern, denen man etwas Heu zu fressen gegeben hatte, so beängstigte mich das fürchterlich. Auch auf die anderen Kinder hatte dies eine solche Wirkung, ich war also nicht der einzige, den diese Pferde beeindruckten, und man kann etwas von dieser Wirkung auch in Emmanuel Boves Roman *Armand* nachlesen. Die Milch, die im meinem Traum von den Milchwagen mit den schrecklichen Pferden transportiert wurde, verband sich in jenem Gedicht auch mit der Morgendämmerung, mit der weißlichen Helle des Frühmorgens und mit berstendem Glas, mit dem vom Zerbrechen geprägten Erwachen. Und inmitten dieser Szenerie stand eben jene seltsame Behauptung: »Die Literatur gibt nie auf«, ein Satz, der gleichsam die Reaktion auf den Terror des Traums darstellte, eine Formel, die dem Alptraum, den Pferden und dem Schrecken des Erwachens trotzte. Dies alles stand in diesem Traum, und ich habe seitdem, wie gesagt, nie mehr von einem Gedicht geträumt.

Es ist bemerkenswert, daß Sie, damals in den USA lebend, diesen Traum in Französisch geträumt haben, daß Sie auf diese Weise auch Ihr Französisch wiederfanden?

Ich hatte mein Französisch nie wirklich verloren, doch wurde es mir zur rein persönlichen, privaten Sprache. Die englische war meine soziale Sprache, die Verbindung nach außen hin, zur Außenwelt; es war meine professionelle Sprache, da ich damals während des Studiums Englisch sprach, die Sprache des Erklärens. Das Unerklärliche blieb aber an das Französische gebunden, war ganz und gar Französisch. Und insofern konnte auch ein Gedicht nur in dieser Sprache ›ankommen‹; für die anderen sprach und schrieb ich Englisch, für mich selbst behielt ich aber das Französische.

Kann man sagen, daß die Dimension des Verlusts bei Ihnen von Anfang an eine zentrale ist? Der Verlust als Verlust der Kindheit, von Paris, als Ort dieser Kindheit, partiell jedenfalls auch, der französischen Sprache?

Das Französische war mir geblieben, weil ich es so beschlossen hatte, weil ich es bewahren wollte. Ich bin mir aber dessen sehr bewußt, und das bezieht sich selbstverständlich nicht nur auf mich selbst, einer Epoche anzugehören, die von der Katastrophe geprägt ist; dies zeigte sich als Erfahrung eines Risses in unserer Familie noch deutlicher, einer Familie von Fremden, von Ausländern, die nach allerlei Unglücksfällen ihren Weg nach Frankreich gefunden hatte. Bereits während meiner französischen Kindheit gab es also so etwas wie die Erfahrung des (Ver-)Schweigens und des Bruches, und die französische Sprache war für mich keine natürlich erlernte Sprache, sondern eine erarbeitete, angeeignete. Ich habe also gewissermaßen mein Französisch selbst geschaffen, erfunden, diese Geburts-Sprache, die mir nicht als Muttersprache gegeben worden war.

Sie sprachen von der Situation des Fremden als einer Erfahrung der Trennung, der schmerzlichen Differenz. Gibt es aber darin, in diesem Anderssein, nicht auch eine Chance, etwas – für den Dichter –Positives?

Wohl schon, und zwar als Distanz gegenüber dem Hergekommenen, als Distanz, die die Beziehungen zu den Anderen komplexer und komplizierter werden läßt; es kommt dabei zu Abgründen der Einsamkeit, die selbst zum lebendigen Erfahrungsfeld werden, zu einer Sphäre, die dem Hergebrachten und Festgelegten, der Konvention entgeht. Das führt, vor allem was die Sprache selbst angeht, zu der seltsamen Gleichzeitigkeit von Schrecken (Terror) und positivem Erstaunen; man ist plötzlich, vor einem Wort, das irgendwoher auftaucht, wie ein Zuschauer, einem Wort, von dem man nicht wirklich weiß, ob es existiert oder nicht, ob man es vermittelt bekommen oder selbst erfunden hat. Hier in Truinas kam vor einigen Jahren ein alter Kaminfeger vorbei, der mir erzählte, daß man in dieser Gegend früher einen provenzalischen Dialekt sprach, den er aber selbst vergessen hatte; dieser Mann besuchte nun in Dieulefit einen Kurs in Altprovenzalisch, um den Dialekt seiner Kindheit wiederzufinden. Als Kind sprach er zwar selbst bereits Französisch, doch seine Großmutter redete mit ihm immer in diesem Dialekt, den er, obgleich er ihn nicht beherrschte, trotzdem verstand. Damals schien es ihm so, wie er mir erzählte, als hätte seine Großmutter diesen Dialekt täglich neu erfunden, um mit ihm zu sprechen, eine Sprache, die er vollständig verstand, ohne sie eigentlich zu kennen. Auch diese Erfahrung der Doppelheit und der Differenz ist mit dem vergleichbar, was ich vorhin anführte, diese Situation, in der einem auf wunderbare Weise etwas begegnet, indem sich eine intime Beziehung zu einer Welt ergibt, die eigentlich eine in sich geschlossene ist und die einen selbst in Wirklichkeit ausschliesst. Hier gibt es aber entscheidende Verbindungen zur Dichtung.

Mallarmé, der Sprachkünstler des Französischen par excellence, spricht selbst davon, wieviel ihm die englische Sprache als die *andere* Sprache bedeutete. Hat es etwas Vergleichbares bei Ihnen gegeben, da Sie ja in der Doppelheit des nach außen gekehrten Englischen und des innen aufbewahrten Französischen lebten? Haben sich diese beiden Sprachen auf konstruktive Weise ergänzt?

Nein, ich glaube ganz und gar nicht. Und was Mallarmé angeht, so bin ich auch nicht so sicher, ob er so sehr vom Englischen geprägt worden ist. Er ist vielmehr auf dem Wege einer geradezu etymologischen Rekonstruktion des Französischen ganz folgerichtig auch bis zum Englischen zurückgekehrt; das Lateinische scheint mir für ihn viel wichtiger gewesen zu sein.

Sie glauben demnach nicht, daß es so etwas wie einen poetischen Bilinguismus gibt?

Nein, das gibt es überhaupt nicht. Und was meine eigene Erfahrungen angeht, so haben die Jahre in den USA meine Beziehung zum Französischen nur kompliziert, es kam gerade darauf an, das Französische, das mir entglitt, zu bewahren; im täglichen Leben sprach ich nämlich ganz ausschließlich Englisch, und das Französische als meine ganz eigene Sprache wurde nur durch die zahlreichen Lektüren genährt und durch die Reflexionen, die darauf folgten.

Wie haben Sie, um einen anderen Riß zu nennen, die Verbindung der zwei so gegensätzlichen Welten des akademischen Lebens, der ›Wissenschaft‹ – von Literatur reden, Literatur beurteilen und analysieren – und der Literatur selbst, der Lyrik als Notwendigkeit, sich selbst auszudrücken, erlebt?

Ich habe das tatsächlich als etwas Unvereinbares erlebt, als Inkompatibilität. Ich habe es einige Zeit versucht, und dann habe ich diese Situation, in der ich nur noch zweckdienliche Lektüren machen konnte, in der alles der Finalität des Unterrichts dienen sollte, in der ich keine interesselosen Lektüren mehr verfolgen konnte, Lektüren, die zu nichts nütze sind – diese Situation habe ich recht schnell aufgegeben und den universitären Bereich verlassen. Andere haben dies vielleicht vermitteln können, doch für mich war es wirklich eine Sache der Unmöglichkeit.

Hingen dieser Verzicht auf die Universitätskarriere in Harvard und Ihre Rückkehr nach Europa zusammen?

Durchaus. Als ich nach Europa zurückkam, sprach ich übrigens recht schlecht Französisch, da mir die Sicherheit fehlte, die einem der tägliche Gebrauch einer Sprache vermittelt (ich hatte ja Frankreich als Vierzehnjähriger verlassen); meine Beziehung zum Französischen war also immer eine äußerst einsame.

Sie sind aber trotzdem nach Paris in dem Bewußtsein zurückgekehrt, nun als Dichter französischer Sprache zu leben?

Nicht ganz im sicheren Bewußtsein, Dichter zu sein, doch der inneren Notwendigkeit folgend, als Dichter zu leben, und dies im Kontakt mit einer Sprache, die zu erarbeiten und zu erobern war.

Dichter sein – schloß dies von Anfang an bestimmte Formen der Literatur aus, etwa den Roman?

Ja, sicherlich. Es ging mir darum, eine Beziehung zur Sprache zu finden, die nur in Gedichten stattfinden konnte. Auch darin gab es anfänglich durchaus einen Riß, eine Loslösung von einer bestimmten literarischen Tradition. Der Roman, die Erzählung, die Literatur, die sich in der Kontinuität der Zeit und der inneren Beziehungen entwickelt, ist etwas ganz anderes als ein Gedicht, das ganz Intensität und Diskontinuität ist. Ein Gedicht kommt nur von Mal zu Mal zustande, ein Gedicht, das ist heute nicht mehr das Resultat einer durchgehaltenen, beherrschten Anstrengung, es ist nicht mehr *Die Junge Parze* Valérys.

Kann man die Notwendigkeit dieses Risses, dieser Loslösung, erklären?

Es handelte sich weniger um eine Notwendigkeit als um eine einfache Tatsache. Von diesem Riß, der nicht nur mein eigenes Leben betraf, sondern auch eine Welt, die sich in permanenter Auflösung befindet – es genügt hier nur daran zu denken, was in den Städten, doch auch auf dem Lande geschieht –, mußte ausgegangen werden, von dieser Lebenswelt, die fast nur noch die Extreme des Verstummens und des Brüllens, der tödlichen Stille und des Lärms kennt, was das Gleiche bedeutet, von diesem Zustand, in dem ein authentisches Wort Seltenheitswert gewinnt, in dem ein eigentlicher Austausch nur noch in seltenen Momenten stattfindet; wo gibt es denn noch Gespräche, die mehr sind als nur Alltagsrede, Aussagen, die etwas wirklich betreffen und nicht nur dahergesprochen werden? Ein wahres Wort hat heutzutage nur noch in den Leerstellen, in der Diskontinuität seinen Platz.

Und das sahen Sie schon so, als Sie nach Frankreich zurückkehrten und nicht erst jetzt, nach einem reichen parcours der lyrischen Reflexion?

Wahrscheinlich schon, doch hätte ich das damals wohl nicht so formuliert. Es gab aber etwas in meinem Bezug zur Sprache, einer Sprache, der ich etwas zu entreißen versuchte, einer Sprache, die mir entzogen worden, die verloren gegangen war, und das würde ich mit dieser Erfahrung des Risses zusammenbringen. Diese meine Rückeroberung der verlorengegangenen Sprache kristallisierte sich hin und wieder in Gedichten, und dieser Akt des Widerstands klingt ja auch in der Formel: »Die Literatur gibt nie auf« an.

Das war gleichsam Ihre Kriegserklärung?

Keine Kriegserklärung, sondern eher eine Affirmation, eine Grundsatzerklärung...

... eine Signatur?

... auch eine Signatur, vielleicht doch auch eine Kriegserklärung, indem ich etwas feststellte und zugleich Forderungen stellte.

Mußten Sie diesen Entschluß – diesen Riß – auch vor der Welt rechtfertigen? Mußten Sie ihn z. B. auch Ihrer Familie erklären?

Nein, überhaupt nicht. Doch ich will gar nicht zum Persönlich-Biographischen greifen, weil dies eine viel zu äußerliche Erklärungsart bedeuten würde. Es gab selbstverständlich allerlei persönliche Aspekte, doch gehört das nicht in ein Interview. Was ich sagen kann, ist – und zuvor im Gespräch sagten Sie mir ja, daß Sie in meinen Texten das auffällige Fehlen von Namen festgestellt haben –, daß ich trotz meines Namens eigentlich von Eltern abstamme, die dem französischen Leben fremd waren: auf der einen Seite meine Mutter, die Tochter polnisch-russischer Juden, die vor den Pogromen des letzten Jahrhunderts den Heimatsort Pinsk verlassen hatten, auf der anderen mein Vater, der ungeachtet seines Namens amerikanischer Staatsbürger war, er selbst mit einer russischen Mutter. Mein Großvater väterlicherseits, in Philadelphia geboren, kam dann nach Frankreich usw. Sie sehen, wie sich alles durchkreuzt und verknotet. Und so hörte ich als Kind selbstverständlich um mich herum Russisch sprechen und auch etwas Englisch; meine Familie entsprach also sicherlich nicht dem Bild einer französischen Familie, und ich fühlte mich auch entsprechend von klein an als Fremder. Und es bedurfte im Grunde des Aufenthalts in den USA, um mich dann ganz als Franzose zu fühlen, um völlig auszuschließen, mich je in den USA niederlassen zu können.

ANDRÉ DU BOUCHET

Ich wollte mit meiner Frage gar nicht Indiskretionen hervorlocken, sondern im Gegenteil wissen, ob mit diesem Riß, von dem wir gesprochen haben und der vor allem mit der Sprache zu tun hat, auch eine Brechung Ihres Verhältnisses zur Welt, zur Mit- und Außenwelt einherging?

Ich weiß nicht, ob ich damit auf Ihre Frage antworte, doch kann ich sagen, daß ich schon als Kind, wenn ich mir gewisse Dinge erklären mußte, wenn ich formulieren mußte, zu Ausdrucksformen griff, die anders waren als jene mir von der Alltagssprache vorgegebenen. Es gab da etwas ›Poetisches‹, z. B. in meinen Französischaufsätzen im Gymnasium, die ich sehr gerne verfaßte; so erinnere ich mich etwa an eine Beschreibung des Nebels, der die Felder bedeckte und ich schrieb damals: »Les arbres crayonnaient la brume« (Die Bäume zeichneten den Frühnebel), wofür ich eine recht schlechte Note bekam, begleitet von drei Ausrufe- und drei Fragezeichen, die das rot unterstrichene Wort »crayonnaient« monierten. Ich hatte selbst eine Zeichnung ›gesehen‹ und versuchte mit Worten eine Landschaft wiederzugeben, so als sei sie wirklich gezeichnet worden, und ich hatte mit meinem Eingriff ins sprachliche Bild etwas gestört, etwas gegen die Konvention getan. Und so habe ich viele Kindheitserinnerungen, die mit meinem ›erfundenen‹ Französisch zu tun haben, mittels dessen ich die Konvention durchaus in Frage stellte. Ebenso störend war aber auch die Verwendung von Worten, die ich in meinen zahlreichen Lektüren kennengelernt hatte, Lektüren vor allem älterer oder antiker Texte, und so versuchte ich dann bestimmte Ausdrücke oder Redewendungen, die ich in Werken des 17. oder 18. Jahrhunderts gefunden hatte, in die Alltagssprache zu übernehmen, was durchaus schockierte und Erstaunen auslöste. Eines Tages, als ich von der Schule zurückkehrte, sagte ich z. B. ganz unbedarft: »Je me suis fait semencer vertement« (Ich habe mich lebhaft befruchten lassen)! Hatte ich dies irgendwo gelesen oder hatte ich es erfunden? Wie dem auch sei, es gab jedenfalls eine Überschneidung, ein Gleiten zwischen den gelesenen, den erfundenen und den gesprochenen Worten, und solche Formulierungen störten irgendwie.

Sie sprachen zuvor von der Lektüre antiker Autoren. Haben Sie z. B. Homer, auf dessen Spuren man in Ihrem Werk immer wieder stößt, schon früh gelesen?

Nein, das geschah erst in den USA, während des Griechischstudiums, dann allerdings wiederholt und sehr gründlich.

Hat es für Sie einen Sinn, davon zu sprechen, daß sie irgend etwas, ein wichtiger Text etwa, geprägt hat oder entzieht sich Ihr Verständnis von Lyrik solchen Herleitungen und Querverbindungen?

Nein, ich wurde durchaus von einigen wichtigen Lektüren geprägt – auch Homer gehört hier unter anderen dazu – und ich könnte etwa Malherbe, Mallarmé, Maurice Scève oder Du Bellay nennen, den ich in jungen Jahren viel gelesen habe; doch gibt es sicherlich keine direkte Umsetzung dieser Autoren in dem, was ich geschrieben habe. Geprägt worden bin ich sehr viel eher durch die Art und Weise, wie diese Dichter mit der Sprache umgehen, durch ihren Eingriff in die Sprache, geradezu durch die ›Ätzung‹, die sie der Sprache angetan haben, ähnlich wie eine Kupferplatte von der Säure angefressen wird. Wenn ich aber selbst schreibe, geschieht etwas anderes; im Schreibakt versuche ich, dem Wort eine etymologische Dimension zu geben, die sich zugleich mit einer Anschauung verbindet, einer Anschauung, die über das rein Sprachliche hinausgeht.

Müssen Sie heute noch selbst von bestimmten Texten ›geätzt‹, angegriffen werden?

Es handelt sich dabei um eine Tatsache, daß man nämlich, wenn einem ein Text etwas zu sagen hat, wenn er einen berührt, auch angegriffen wird...

Sprechen wir von Ihren eigenen Texten. Was dabei sofort rein äußerlich auffällt, ist die große Bedeutung, die der Typographie zukommt, der Dispo-

sition der Worte auf der Papieroberfläche. Weswegen ist die Form des Textes
so wichtig?

Ich denke, daß es dabei um den Versuch geht, von der traditionellen
Anordnung der Worte wegzukommen, die einfach nicht mehr unserer Zeit entspricht; sieht man etwa ein Sonett in seinem Rahmen,
in seiner geschlossenen Form, etwa ein Sonett Mallarmés, so merkt
man sofort, daß dieser Rahmen zerbrochen ist, und Mallarmé selbst
hat das übrigens gespürt, da er ja zur gleichen Zeit, in der er noch die
Sonettform benutzte, auch ein Gedicht wie *Un coup de dès* geschrieben hat, in dem alles disloziert ist, in dem die Stimme sich verliert,
sich der Gefahr aussetzt, in den Intervallen zu verschwinden, in dem
das Wort untertaucht, um daraufhin immer wieder in ungeahnter
Form wiederzuerscheinen. Die weißen Zwischenräume auf meinen
Textseiten akzentuieren, begleiten das Sich-Zeigen und das Verschwinden eines Wortes, dessen einer Faden sich verliert und sich
wieder neu knüpft, oder nicht knüpft und in diesen Zwischenräumen, die ungleich sind, kommt dann erneut etwas zur Erscheinung.
Es handelt sich auch um Pausen, um Abschnitte der Stille, die jedoch
nicht festgelegt sind; so lese ich einen Text nie auf die gleiche Weise
wieder, und ein Intervall kann genausogut zu einem Raum der
Beschleunigung werden wie zu einem Ort des Innehaltens; und das
gilt auch für die Leser, die selbst entscheiden müssen, wo es darauf
ankommt stehenzubleiben, und wo der Zwischenraum überbrückt
werden muß.

Sie sprechen von weißen Zwischenräumen (blancs), doch man könnte
ebensogut von den schwarzen Zeichen reden, die auf der Seite verteilt
werden, die zu einem Wort-Geflecht werden, das so anders ausfällt als die
gewöhnliche, uns bekannte Zusammenfügung des Gedichts?

Das Schwarze ist zwar als visuelles Zeichen genommen ein Wort,
doch stützt sich dieses Wort eben auf der umgebenden Weiße; es
handelt sich letztlich darum, die Dimension der langue zu unterstrei-

chen, ein fast unpersönliches Auftauchen des Zeichens im Raum, das jedoch durch eine absolut persönliche Erfahrung hindurchgegangen ist. Um überhaupt auf die langue zu verweisen, kommt es darauf an, ein bestimmtes rhetorisches Fortschreiten zu (unter-)brechen und der Riß, der auch die Textseite kennzeichnet, muß dem Rechnung tragen.

Wie kommt es eigentlich von Ihren Notizen, von Ihren Aufzeichnungen zum Buch? Was geschieht in diesem Prozeß? Sind Ihre Aufzeichnungen genauso dissoziiert wie die späteren Gedichte?

Es gibt zunächst die Aufzeichnungen in kleinen Notizbüchern – einige wurden inzwischen veröffentlicht –, kleine Hefte, die ich meist im Gehen beschrieb, unterwegs seiend, Hefte in kleinem Format, in denen ich die Sätze nicht ausführte, in denen es zu keiner Ordnung kam, sondern zu Brüchen; später, als Michel Collot einige dieser Notizhefte herausgegeben hat, merkte ich dann auch, daß die Textform meiner Gedichte durchaus zusammenhing mit der zufälligen Notationsweise der Aufzeichnungen im Gehen. Das Format, die Tatsache, daß ich diese Hefte nicht an einem Tisch beschrieb, all das gab dem Notierten etwas Akzidentelles. Indem ich aber dann in der Buchform zur Typographie greife, indem ich die Seiten zu gestalten habe, geht dieses Akzidentelle zum Teil verloren; dabei muß sowohl ein visuelles Gleichgewicht gefunden werden als auch ein Zusammenhang, der es ermöglicht, diese Gedichte laut lesen zu können.

Was stellt eigentlich diese Seite, die sich uns als Leser in der erstaunlichen typographischen Gestalt, die Sie ihr geben, zeigt, im poetischen Prozeß dar?

Die graphische Gestalt des Textes stellt einen Schritt dar, der jenseits des persönlichen Ereignisses angesiedelt ist, jedenfalls, wenn es zu einem gewissen Gleichgewicht kommt. Dabei kommt mir ein Satz, der mich immer beeindruckt hat, in den Sinn, der Satz eines Malers, von Bonnard, der in einem seiner Hefte vom Gefühl spricht, das am Anfang des Bildes steht, und der in diesem Zusammenhang sagt, daß dieses Gefühl an der Wand haften (hängen) können muß. Vom Gefühl aus betrachtet ist diese Wand oder Mauer eine physische Realität, etwas, das in der Wirklichkeit dieser Welt existiert, und zwar als etwas Unpersönliches, das das Persönliche hinter sich läßt. Auf der Textseite müssen die Worte, die sich als Ergebnis einer ganz persönlichen, äußerst intensiven Erfahrung eingestellt haben, die überhaupt zur lyrischen Eruption geführt hat, ebenfalls an der Mauer haften können, sie müssen sich einer ›Tragfläche‹ anpassen, die genauso unpersönlich ist wie der Boden, auf dem man beim Gehen die Füße setzt.

Sie sprachen von der Wichtigkeit des Gehens, der Bewegung, die ja bei Ihnen auch eine andere Art der Notation und des Zustandekommens des Textes mit einschließt. Wie kam es eigentlich dazu?

Ich bin kein Mensch des Schreibtisches, ich sitze selten an einem Tisch, und ich glaube, daß dies durchaus auch dem gegenwärtigen Zustand einer Welt entspricht, die sich in Auflösung befindet, die herumirrt, eine Welt, in der es keine wirklichen Städte mehr gibt, in der eine bewohnbare Sphäre immer seltener wird. Schon in meiner Jugend bin ich jedenfalls viel gegangen, und der Moment des Aufbruchs, des Weggangs und der Wiederkehr hat vielen meiner Texte seinen Rhythmus gegeben. Ein Schritt folgt auf den anderen, und so konstituiert sich allmählich auch eine Bewegung, die von Wort zu Wort führt, mit all den Pausen, Unterbrechungen und neuen Einsätzen, dem Zurückkommen auf die eigenen Schritte, die auch das Gehen charakterisieren. Viele vor allem meiner früheren Gedichte, tragen die Spur dieses Aktes des Gehens.

Gehen, das bedeutet nicht nur, in Bewegung zu sein, sondern auch nicht zu sitzen; ein aufrechter Gang...

GESPRÄCH MIT ...

Jetzt sitze ich mehr als früher, doch an einem Tisch zu sitzen impliziert ein Projekt, ein Ziel des Schreibens, schließt in sich die Idee des Zu-Ende-Kommens ein; man folgt dabei der Linearität der Zeilenfolge, einer bestimmten Regelmäßigkeit; setzt man sich an einen Tisch, um zu schreiben, so gibt es bereits eine Idee, die man verwirklichen möchte, eine Vorgabe. Die meisten meiner eigenen Texte ergaben sich aber ohne solche vorgefaßten Ideen; sie waren einfach da, von den Zufällen des Gehens ›hervorgebracht‹, Zugefallenes, das freilich im Akt der Transkription selbst durchaus seine Gestalt verändert hat. Doch auch im Sitzen wirkt bei mir noch der Rhythmus des Gehens fort.

Sie sprachen von der Gastlosigkeit unserer heutigen Lebenswelt. Stellte eigentlich Ihr Akt des Gehens, Ihr Hinausgehen, ein Stück Nostalgie nach der verlorenen, heilen Welt dar oder einen Protest?

Nostalgie nicht, denn ich war dabei nicht auf der Suche nach etwas, ich suchte überhaupt nichts, doch hängt dies sicherlich mit der Erfahrung der Zerstörung der Städte und überhaupt des Lebensraums zusammen, der Wüste, die immer mehr Platz gewinnt und auch die ländliche Welt erfaßt hat, dem Verlust der Orientierungspunkte, jener Zeichen, die es einem gestatten, sich irgendwo niederzulassen, der fraglich gewordenen Beziehungen zwischen den Menschen, was sich selbstverständlich auch sprachlich äußert. Der Prozeß der Desintegration hat sich noch gesteigert, und die Textseite, in der die Worte ganz neu disponiert werden, um ein neues Gleichgewicht anzudeuten, versucht auch dagegen Stellung zu beziehen.

Wo ist die Verbindung zu sehen zwischen einer Außenwelt, die Sie nur noch in negativen Kategorien soziologischer, psychologischer, philosophischer Natur beschreiben (der Verlust der Gemeinschaft, der Zerfall der Lebenswelt usw.), und der ganz anderen Seinsweise des lyrischen Ich? Steht hier Interiorität der Exteriorität gegenüber oder gibt es einen Nexus zwischen den beiden?

70

Die Beschreibungskategorien, die ich benutzt habe, sind keine wissenschaftlichen; was man feststellen kann, ist ja, daß gerade der sprachliche Bezug zwischen den Menschen verloren gegangen ist. Ich lese zur Zeit gerade Verlaine wieder, der mir durchwegs faszinierend und auch unverstanden scheint; nun, was man bei ihm feststellen kann, ist, daß die Materie seiner Gedichte jene der Straße, der dortigen Sprache, des Gangs von der Stadt aufs Land ist, daß es sich um eine äußerst lebendige Sprache handelt, die sich einer ununterbrochenen Relation verdankt. Gerade diese Relation scheint mir heutzutage verlorengegangen zu sein, es gibt eine furchtbare Stille, deren anderer Ausdruck der Lärm der Städte ist. Das Straßenleben gibt es nicht mehr und auch nicht mehr die Sprache der Straße, man muß diese Orte, an denen die Luft verpestet ist und wo man kaum mehr atmet, verlassen und findet sich dann draußen, auf dem Lande, in der Leere völliger Stille wieder. Ich hege keine Nostalgie, denn man hat nicht zurückzukehren, doch man muß im Vergleich zum Früheren feststellen, daß sich unsere sprachlichen Beziehungen ganz und gar verändert haben; man kann nicht mehr so tun, als gäbe es einen Dialog, als könnte es eine imaginäre Gemeinschaft geben. Auch davon sprechen im Grunde die weißen Zwischenräume meiner Gedichte, doch tun sie es auf positive Weise.

Sie sprachen von Verlaine, und ich möchte hier gar nicht als Verteidiger unserer gegenwärtigen Welt reden, ich will nicht Ihre Diagnose in Frage stellen, aber trotzdem insofern relativieren, als ja auch die Verlainesche Unmittelbarkeit inmitten des Straßenlebens Konstruktion, Kompensation und möglicherweise auch schon Nostalgie nach einem Lebenszusammenhang ist, der auch in der Jahrhundertwende nicht mehr ›gegeben‹ war. Ist nicht schon Theokrit, der Ahnvater und Erfinder der Bukolik, ein Bewohner der Metropole Alexandrien? Hat nicht Dichtung immer auch schon eine Beziehung herstellen, wiederherstellen wollen zu dem, was man als Natur, Landschaft oder Welt bezeichnen kann?

Es gibt selbstverständlich bei Verlaine eine geradezu außerordentliche Erfindungsgabe, und dieses Erfundene kann keineswegs auf die Materie allein zurückgeführt werden, die ihn angeht. Und trotzdem, es gibt diese Materie noch, es gibt ständig Dialog, Austausch vom einen zum anderen – das ist übrigens der Titel eines seiner Gedichte – und all das scheint mir heute unwiederbringlich verloren zu sein. Verlaine weiß, an wen er sich richtet, oder glaubt es zu wissen. Er richtet sich auch noch an uns selbst! Kann man sich heute noch an jemanden wenden? Verlaine ist die Unmittelbarkeit solchen Kontaktes noch gegeben, während sie uns abgeht, sogar Mallarmé stand diese Dimension des Zugangs noch zur Verfügung. Mallarmé hat zwar den *Coup de dès* geschrieben, doch die Sprache dieses wichtigen Gedichts ist zugleich jene, die er mit seinen Freunden, die ihn aufsuchten, in recht freier und lebendiger Weise teilte, und ebenso in seiner reichen Korrespondenz. Es gab für ihn noch solche Netze, solche Mitteilungs- und Austauschmöglichkeiten, die funktionierten und seine Einsamkeit nährten.

Was bewirken diese Lektüren, von denen Sie sprachen, das, was Sie jetzt wiederlesen, z. B. Verlaine? Findet das – irgendwie, irgendwo – Eingang in Ihre Dichtung? Kann es – im Angesicht des Risses – einen Dialog zwischen Dichtern geben? Eine Nähe? Oder sind dies überholte Denkmuster?

Was ich schreibe, nimmt sofort eine andere Form an, und ich glaube kaum, daß es direkte Spuren solcher Lektüren in meinen Texten gibt, vorausgesetzt, ich sehe wirklich, was ich geschrieben habe, was aber gar nicht gesagt ist.

Und die indirekte Gegenwart?

Lese ich Verlaine oder Mallarmé, so bin ich ganz bei ihnen, befinde ich mich in deren Welt, es handelt sich um eine ganz unmittelbare Präsenz, ohne daß ich sie in irgendeiner Vergangenheit situieren würde. Man kann übrigens bei diesen Dichtern auch nicht von einem Wiederlesen sprechen, da ihre Sprache derart lebendig ist, daß man sie nie auf dieselbe Weise lesen kann. Ein lebendiges Gedicht bringt stets etwas Neues mit sich und verändert sich mit einem selbst in der Lektüre. Es gibt keine dichterische Wahrheit, keine ein für alle mal festgelegte Interpretation, in der sich der Sinn endgültig erschließen würde, sonst müßte man ja nie wiederlesen, ja nie lesen.

Das gilt selbstverständlich erst recht für die Übersetzung?

Ja, sicherlich, denn eine Übersetzung ist unendlich verbesserbar, es kann einfach keine endgültige Übertragung geben, die die Wahrheit eines Textes vermitteln könnte, die Übersetzung bewegt sich mit demjenigen, der sie liest, fort. Ich glaube überhaupt nicht an die Wahrheit eines Textes.

Übersetzen Sie immer noch?

Nein, nicht mehr.

Und hat dies einen bestimmten Grund?

Es war immer schon etwas Schwieriges, doch scheint mir die Aufgabe des Übersetzers jetzt, wenn irgend möglich, noch schwieriger, ja unmöglich zu sein. Es braucht, um sich ans Übersetzen zu wagen, vielleicht so etwas wie den Wagemut und die Eitelkeit der Jugend, und an die Dinge, die ich früher übersetzt habe, würde ich mich heute überhaupt nicht mehr heranwagen. Lesen schon, doch nicht übersetzen.

Sie haben aber viel übersetzt; welche Prä-Texte, wie man so unschön zu sagen pflegt, welche Vorlagen haben Sie am meisten geprägt?

Sicherlich jene Friedrich Hölderlins, den ich schon in jungen Jahren gelesen hatte, und dies trotz einer problematischen Beziehung zur deutschen Sprache. Ich entdeckte etwas in Hölderlins Deutsch, was dem Französischen fehlte, und ich habe dann gewissermaßen das Ergebnis meiner Hölderlin-Lektüren formulieren wollen, was in Übersetzungen geschah, die ich oft und recht lange, von Ausgabe zu Ausgabe, überarbeitet habe. Doch könnte ich auch die Übertragung von Shakespeares *Sturm* erwähnen, wobei ich damals der Ansicht war, daß der Übertragungsprozeß meine eigene Sprache bereichern könnte, was wahrscheinlich eine Illusion war.

Sie haben jedenfalls stets nach dem Allerschwierigsten gegriffen; nach Hölderlin oder Joyces *Finnegans Wake*?!

Durchaus, ja ich griff nach Texten, die fast a priori unübersetzbar sind, und ich wollte mich auch an dieser sprachlichen Hürde stoßen. Das gilt jedoch für die Lektüre überhaupt: Was mich stets angezogen hat, war die Präsenz einer Sprache, die manchmal so gegenwärtig ist, daß sie dem Sinn Gewalt antut; eine sprachliche Materie, an der man abprallt, die als Hindernis wirkt. Daß es stets eine (Verstehens- und Übersetzungs-)Unmöglichkeit gibt, die sich nicht aufklärt und zu der man immer wieder zurückkehrt. Deswegen kann man ja auch ein ganzes Jahr lang ein und dasselbe Gedicht noch und noch lesen, weil man dabei stets auf dieses Hindernis trifft, es hält einem eine sprachliche Materie entgegen, die irreduzibel ist, die nicht auf einen Sinn gebracht werden kann. Reduziert man das, was man liest, indem man ihm *einen* Sinn gibt, dann wird es ineins mit dem Akt seines Verstehens im Grunde evakuiert. Doch es bleibt stets etwas Irreduzibles, und daran stößt man auch beim Übersetzen.

Welche Gedichte haben Sie selbst auf diese Weise immer wieder neu – und eben nicht wiedergelesen?

Baudelaires Gedichte und jene Réverdys, jenes Dichters, der unter den Modernen für mich überhaupt am meisten bedeutet hat. Wenn ich aber von Gedichten spreche, meine ich nicht nur Lyrik, sondern auch Prosatexte; so habe ich Flaubert sehr gemocht, z. B. die ersten

ANDRÉ DU BOUCHET

Seiten von *Bouvard et Pécuchet* und viele andere Passagen bei Flaubert; es gibt bei ihm eine Klarheit, ein Gewicht der Sprache und eine Kondensation, die den Sinn überbordet und dazu einlädt, mit lauter Stimme zu lesen.

Sie lesen selbst solche Texte laut?

Ich stelle sie mir gelesen vor, ich könnte sie so lesen; ich artikuliere gleichsam im Stillen und auf diese Weise habe ich z. B. während langer Jahre Maurice Scève gelesen oder auch Racine.

War Réverdy der erste Dichter, der Ihnen wirklich etwas zu sagen hatte?

Er war es unter den zeitgenössischen Dichtern; ich war 15 oder 16 Jahre alt, als ich ihn zum ersten Mal gelesen habe, und ich muß hinzufügen, daß ich der zeitgenössischen französischen Lyrik stets mit einiger Distanz gegenübergestanden bin, vor allem, was den Surrealismus angeht. Ich sagte mir, wenn das, wenn der Surrealismus Dichtung sein soll, dann will ich ganz und gar nicht Dichter sein. Mit Réverdy war es eine ganz andere Erfahrung, da ich ihn so lesen konnte wie etwa einen Baudelaire oder einen Mallarmé.

Hat sich Ihr Urteil über den Surrealismus mit der Zeit gewandelt?

Nein, ganz im Gegenteil, es hat sich noch verschärft.

Sie würden also die surrealistischen Dichtungen eines Breton oder Eluard durch die Bank verdammen wollen?

Ich liebte einst Eluard, doch hat sich seine Dichtung mit der Zeit in meinen Augen als leer erwiesen; die Schriftsteller, die etwas mit den Surrealisten zu tun hatten und die ich schätze, sind alle am Rande des Surrealismus anzusiedeln, Autoren, die eigentlich außerhalb der surrealistischen Bewegung stehen. Doch als Trend und Bewegung, als Schule genommen, finde ich den Surrealismus fürchterlich, einfach hohl und leer.

Lesen Sie eigentlich Ihre unmittelbaren Zeitgenossen, Autoren, die um Sie herum leben?

Ja, das kommt vor, ich habe durchaus Dichterfreunde. Doch ich lese wenig zeitgenössische Dichtung. Ich lese etwa Jacques Dupin, der ein guter Freund ist, und noch einige ganz junge Autoren, von denen niemand Kenntnis nimmt, da die Lyrik heutzutage in den Zeitungen oder Zeitschriften nicht mehr wirklich einen Platz hat.

Klingt nicht aus all dem, was Sie gesagt haben, eine gewisse Verbitterung heraus angesichts des Fehlens des Dichters in der heutigen Welt, angesichts seiner Ortlosigkeit? Doch hat man wahrscheinlich nie soviel Lyrik veröffentlicht wie in unseren Tagen!

Ich sehe diese Präsenz der Dichtung nicht; man sieht in den Buchhandlungen, wenigstens scheint es mir so, wenig Gedichtbände. Vielleicht gibt es auch wenig Dichtung, die es wirklich verdient, veröffentlicht zu werden. Und das Wenige, das dann erscheint, droht im Meer der gedruckten Bücher unterzugehen; man veröffentlicht durchaus mehr als früher, man verbraucht mehr Papier, es braucht sehr viel mehr Zeit, um die Palette der neuen Bücher auch nur einigermaßen zu überschauen. Es ist wie in den Konzertsälen, in denen das Publikum heutzutage nicht mehr die Ausdauer besitzt, länger als eine Stunde auszuharren. Man hat jetzt einfach keine Zeit mehr.

Mit der fehlenden Zeit geht auch der Verlust der Aufmerksamkeit einher?

Es gibt sicherlich eine generelle Schwächung der Aufmerksamkeit, eine Verflachung der Rezeptivität angesichts des inhumane Züge annehmenden Verkehrs, der Mechanisierung des Lebens, angesichts

von Photographie und Kino und, schlimmer noch, angesichts des
Fernsehens. Ich ging vor einigen Tagen in ein kleines Café, in einem
kleinen Ort der Dauphiné, und die Frau, die dort bediente, sagte mir,
daß die Leute, seitdem es das Fernsehen gebe, aufgehört hätten, sich
zu besuchen, sich zu sprechen. Sie sagte mir, daß auch ihr Mann seit
zehn Jahren nicht mehr mit ihr gesprochen habe; man spräche nicht
mehr miteinander, sähe sich nicht mehr. Und das hat einen furchtbaren Schlag bedeutet für die zwischenmenschlichen Beziehungen,
deren Sprachlichkeit nach und nach unterhöhlt und zerstört wurde.
Und wie soll man ohne eine solche Sprachkultur an ein Gedicht
herangehen wollen?

Wo ist dann der Platz des Dichters? Schrumpft er mehr und mehr zusammen?

Es gibt keinen Ort der Dichtung und des Dichters, jedenfalls keinen
irgendwie festlegbaren. Doch diese Frustrationen, diese Veränderungen des Lebens selbst, haben selbstverständlich ihre Auswirkungen.

Ich möchte noch einmal zu Friedrich Hölderlin – dem Dichter »in dürftiger
Zeit« – zurückkehren und zur Gewalt, die er seiner Sprache angetan hat und
die Sie selbst im Übersetzungsakt erfahren haben. Bei der Lektüre Ihrer Texte
fühlte ich so etwas wie einen hölderlinschen Ton – ich will nicht von Einfluß
reden –, etwas, das nicht kausal ist, sondern sich in der Weise einer
Begegnung aus der Distanz heraus ergibt. Ich weiß nicht, was Sie davon
halten.

Ich bin sicherlich berührt, alarmiert worden von der Form, die die
Spätdichtung Hölderlins genommen hat, eine Lyrik, in der die ganze
heile, rhetorische Welt der Literatur zusammenbricht und ein
Schweigen auftaucht, das das Leben dem Dichter selbst diktiert hat.
Und das hat sicherlich nicht nur mit der Person Hölderlins zu tun,
sondern auch mit dem Eintritt in eine neue Epoche. Was aber die
Gewalt betrifft, die Hölderlin der deutschen Sprache angetan hat, so

77

habe ich sie immer nur bis zu einem gewissen Grade beurteilen können, da meine Deutschkenntnisse nicht gut genug sind. Es handelt sich mehr um eine Einfühlung in eine Situation, die der meinen – in sprachlicher Hinsicht – vergleichbar ist. Es gab aber zweifellos ein lebendiges Echo Hölderlins.

Ein Echo und auch eine Präsenz, wenn ich an Ihre bekannte Rede denke, die Sie 1986 in Stuttgart gehalten haben, eine Rede, die ja selbst zu einem Text geworden ist?! Mich hat, anders gesagt, erstaunt, daß eine Rede, die ihren Kontext hatte und ihre Zeit, selbst zu einem poetischen Text wird! Daß sich der poetische Text öffnet, um einen Diskurs aufzunehmen, dessen Eigenart, Stillage, Horizont usw. in der Regel in der Lyrik nicht toleriert wird!

Das stimmt. Doch muß ich dazu sagen, daß ich schon immer der Ansicht gewesen bin, daß man über die Poesie nur poetisch sprechen kann; da die Sprache der Dichtung von äußerster Präzision ist, ist es für mich unvorstellbar, in einer anderen als in ihrer Sprache über sie zu sprechen. Ich habe mich immer schon gegen eine Einteilung gewehrt, die die Poesie von der Kritik scharf unterschied, diese Art Trennung habe ich nie mit vollziehen können, und zwar aufgrund der erwähnten Grundsätze der Exaktheit und der Präzision.

Wenn Sie demnach von einem anderen Dichter handeln, wenn Sie das Werk eines Malers mit zum Gegenstand eines Ihrer Texte machen oder wenn Sie selbst einen Text, ein Gedicht verfassen, handelt es sich stets um ein und dieselbe Sache?

Es gibt dabei keine Differenz, außer daß ich selbstverständlich bei einem kritischen, interpretativen Projekt eine Idee im Kopf habe, ein Ziel anstrebe, auf das ich zuhalte, daß es eine Finalität gibt – und einen solchen Text kann ich dann auch ganz ruhig am Tisch schreiben. Doch im Akt des Schreibens selbst verliere ich diese Finalität mehr und mehr aus den Augen, und ich drifte ab, komme auf Umwege...

78

ANDRÉ DU BOUCHET

Empfinden Sie manchmal die Notwendigkeit, Ihre Werke neu zu schreiben?

Ja, sicherlich, ich habe es immer getan, vor allem für die Neuausgaben. Doch betreffen diese neuen Fassungen stets mehr meine kritischen Reflexionen oder die Übersetzungen, und sehr viel seltener die eigentlich poetischen Texte, die Gedichte. In den Reflexionen geht es ja stets darum, sich seinem Gegenstand anzunähern, und mir schien immer wieder, daß ich da weiter gehen konnte, noch näher an den Gegenstand heran; die Rede, die Sie erwähnt haben, habe ich auf diese Weise neu gestaltet: Ihr Ausgangspunkt war eine erste Rede, die ich 1970 in Stuttgart gehalten habe – in der Gesellschaft von Paul Celan –, und von einem dieser Sätze ausgehend kam es dann, fast zwanzig Jahre später, in Tübingen, zu einer neuen Rede, die Eingang fand in mein Buch ...*désaccordée comme par de la neige.*

Der Name Hölderlin, der in Ihrem Gedicht vorkommt, seine Präsenz in Ihrem Text – würden Sie in diesem Zusammenhang von einem Dichterdialog sprechen, von Dialogizität? Gibt das Sinn, vom Dialog mit einem anderen Dichter zu reden?

Einen solchen Dialog hat es wohl mit Paul Celan gegeben; während eines Spaziergangs in Tübingen sagte er mir etwas, auf das ich nicht geantwortet habe. Wir spazierten auf der kleinen Neckarinsel zwischen den zwei Flußarmen, und ganz plötzlich sagte er zu mir, und zwar ohne jegliche sonstige Einleitung: »Es gibt in der Dichtung Hölderlins etwas Faules (Verfaultes)!« Ich antwortete damals nicht, sondern im Grunde erst zwanzig Jahre später, als ich lange nach dem Tod Celans nach Tübingen zurückkehrte; erst nach so vielen Jahren griff ich den Faden des Dialogs wieder auf, um zu entgegnen. Das ist ein Dialog in der Zeit, und wenn ich Verlaine oder Baudelaire lese, d. h. Texte, die Fragen stellen, die letztlich unbeantwortet bleiben, antworte ich auch innerlich auf diese Fragen, versuche ich, ein unterbrochenes Gespräch wiederaufzunehmen. Verlaine hat das übrigens selbst in seinem meisterhaften, an Baudelaire gerichteten

Gedicht getan, ein Text, den er zwanzig Jahre nach dem Tode Baudelaires verfaßte und der beginnt: »Ich habe dich nicht gekannt, ich habe dich nicht geliebt, ich kenne dich nicht und ich liebe dich noch weniger...«, ein ganz und gar außergewöhnliches und in seiner Tragweite nicht wirklich begriffenes Gedicht, in dem man die Nähe Baudelaires bei Verlaine erfährt, und dies aus der Distanz heraus.

Kann man auch die wichtige Erfahrung des *L'Ephémère*, der Zeitschrift, die Sie mit Ihren Dichter-Freunden maßgeblich gestaltet haben, im Kontext eines solches Dialogs situieren?

Ganz sicherlich. Das Projekt dieser Zeitschrift ging ja von der Freundschaft aus, die einige Dichter und Schriftsteller verband, auch Paul Celan gehörte später dazu, und endete angesichts der in Erscheinung getretenen Differenzen der Einzelnen, was ja irgendwie im Ausdruck des Ephemeren vorprogrammiert war. Jede Begegnung ist vorübergehend, hat ihre Zeit; eine Begegnung ist immer an einen Augenblick gebunden, man kann sie nicht institutionalisieren, und deswegen mußte sie dann auch enden.

Sie sprachen schon mehrmals von Paul Celan. War er unter Ihren unmittelbaren Zeitgenossen derjenige, der Ihnen als Dichter am meisten bedeutet?

Nein, überhaupt nicht, denn Celan war vor allem ein sehr enger Freund, den ich sehr häufig sah. Seine Dichtung lernte ich aber erst nach seinem Tode wirklich kennen. Wir haben während seiner beiden letzten Lebensjahre einige seiner Gedichte zusammen übersetzt. Ich kannte seltsamerweise mehr die Person Paul Celan, unabhängig vom Dichter Celan. Celan war für mich keine Allegorie, kein Symbol, sondern ein Mensch, geprägt von den furchtbaren Erfahrungen des Lebens.

Doch hat er ja auch seinerseits Ihr Werk übersetzt. Gab es da keine Begegnung?

Nein. Ich besitze noch ein Exemplar meines Bandes *Vakante Glut*, den er übersetzt hat, mit seinen handschriftlichen Eintragungen, den Kreuzen und Fragezeichen, den umkreisten Worten, die ihm nicht ganz klar waren. Doch angesichts des Meisterschaft seines Französisch hat es nie eine Notwendigkeit der Zusammenarbeit gegeben.

Ich meinte damit nicht nur die sprachlichen Schwierigkeiten...

Es gab einige Fragen, etwa nach dem präziseren Sinn dieses oder jenes ambigen oder mehrdeutigen Wortes, wo es zwischen mehreren Varianten zu wählen gab, doch keine eigentliche Zusammenarbeit. Was meine Übertragung seiner Gedichte in *Strette* angeht, so gab mir Celan nicht nur die Textauswahl, sondern auch eine wörtliche Fassung, die ich dann übertrug und die er in der Folge noch einmal überarbeitet hat. Darin gab höchstens so etwas wie eine Zusammenarbeit.

Eine andere Form des Kontaktes gibt es bei Ihnen immer wieder mit den Künstlern. Wie ergibt sich eigentlich diese Begegnung zwischen dem Menschen des Wortes und dem Künstler, dem Gestalter des Visuellen?

Man ist manchmal durchaus dankbar, daß es jemanden gibt, der einen etwas aus der Sprache hinausführt und der etwas ausdrückt, das dem, was sie selbst sagen, sehr nahe steht, und dies mit den Mitteln, die nicht jene der Sprache sind. Man ist momentan der Bürde und Schwere des Sprachlichen enthoben, doch bringt dies in einem nächsten Schritt dann trotzdem die neue Forderung mit sich, das Gesehene wieder in die Sprache umzusetzen. Und deswegen fand ich es mehrmals notwendig, über diese Erfahrungen (in) der Kunst zu schreiben, um daraufhin dasjenige, das nicht in der Sprache geschieht, dorthin rückzuübersetzen.

Welche unter diesen Erfahrungen mit der Kunst war denn die wichtigste für Sie?

GESPRÄCH MIT ...

Sie waren alle wichtig, in ihrer Abfolge: jene mit Tal Coat, jene mit Giacometti, mit Bram Van Velde; mit diesen drei Malern war ich wirklich verbunden, und ihre Werke haben mich am meisten interessiert.

Es gibt also Konvergenzen zwischen der Tätigkeit des Dichters und des bildenden Künstlers?

Durchaus, doch konnte ich nur in meiner Sprache von diesen Werken sprechen, und diese mußte regelrecht transformiert werden durch das Gesehene; meine Syntax mußte den Stempel dieser visuellen Erfahrung tragen, einer Erfahrung, die als visuelle nicht die meine ist und die ich noch zu ›übersetzen‹ hatte. Auch als ich Hölderlin oder Shakespeare übersetzte, wurde meine Syntax davon berührt, verändert; ich versuchte im Französischen entsprechende syntaktische Formen zu finden, Formen, die denen des Originals ähnlich waren. Bei Giacometti und Tal Coat verhielt es sich auch so: ich hatte jedes Mal das Gefühl, daß ich eine Sprache finden müßte, die das, was ich gesehen hatte, übertragen würde.

Weil Sie von Syntax sprachen, fällt mir ein, daß ich den Eindruck hatte, es gäbe in Ihren Gedichten durchaus eine semantische Konstanz, die Rückkehr bestimmter Ausdrücke, während die Suche nach neuen syntaktischen Formen immer weiter geht; daß die Syntax bei Ihnen eine ganz zentrale Bedeutung hat?!

Das stimmt sicherlich. Es gibt eine Ordnung, einen intellektuellen Denkzusammenhang, der nicht jener der sinnlichen Empfindungen, der Wahrnehmungen ist. Diese mentale Ordnung der Sprache selbst prallt im Akt des Schreibens mit den Wahrnehmungen zusammen, die in ihrem unmittelbaren Gegebensein wiedergegeben werden wollen. Die Sprache ist wie angerempelt, der Rahmen zerbricht angesichts von etwas Unerwarteten, und das muß dann, um nicht im völligen Chaos zu enden, wieder in ein Gleichgewicht gebracht werden. Man muß eine neue, momentane Ordnung finden.

Und diese Suche nach einer neuen ›Ordnung‹ geht immer weiter fort?

Ja, ansonsten würde ich ja nicht mehr schreiben, was freilich geschehen könnte. Doch ohne diese Suche, ohne für das Unerwartete offen zu sein, wäre man nur noch der leeren Wiederholung ausgesetzt, der Legalität, was dem Schreiben jedweden Sinn, jeden Reiz und jede Frische entziehen würde.

Hat es solche Momente der Stagnation gegeben?

Wenn man aufhört zu schreiben, so ist dies keine Stagnation, sondern eine Unterbrechung. So schreibe ich seit einiger Zeit nicht sehr viel. Und wenn mir das Schreiben nicht mehr fehlen würde, dann würde ich damit auch aufhören.

Wir sprachen von der Syntax, und jetzt möchte ich trotzdem noch einen Augenblick zur Semantik zurückkehren, und zwar zu den Wortfeldern, die bei Ihnen besonders wichtig sind: z. B. die geologischen Ausdrücke, die Steine, Gebirge, das Wortfeld der Stille usw. Weswegen gelangt Ihre Dichtung, wie gelangt sie zu dieser Sprache äußerster Reduktion, in der nur noch das Elementare übrigbleibt?

Das Elementare, die Elemente selbst, sind zweifelsohne sehr präsent, und das hängt sicherlich auch mit der Eigenart unserer Epoche zusammen, unserer Sprachlosigkeit, von der wir zuvor sprachen, der Verwüstung des Lebensraums. Was die Steine in meinen Texten angeht, so hängen sie z. T. unmittelbar zusammen mit behauenen Steinen, Silexen, auf die ich oft bei meinen Spaziergängen im Vexin gestoßen bin. Dort, wo alles verschwunden ist, künden solche Zeichen von etwas, das nicht verschwinden kann. Es handelt sich dabei um Anhaltspunkte des Humanen, wobei hier erneut auch das Sprachliche mitspielt, die Resistenz einer Sprache selbst, die aufs

GESPRÄCH MIT ...

Äußerste reduziert erscheint. Ein behauener Stein ist fast ein sprachliches Zeichen, fast eine Geste, die nicht mehr weiter reduziert werden kann.

Auch die Sonne gehört hierher?!

Ja, handelt es sich doch dabei um das Element des Lebens selbst. Man berührt dabei erneut etwas, das einem nicht weggerissen werden kann; ein irreduzibles Etwas, das zugleich zu einem Ausgangspunkt wird.

Kann jemand, der Lyrik in dem von Ihnen im Laufe dieses Gesprächs definierten Sinne auffaßt, überhaupt poetische Projekte entwerfen oder ist diese Dimension des Zukünftigen für Sie völlig undenkbar?

Wahrscheinlich nicht; man kann keine Projekte haben, und entsprechend bin ich auch gleichsam ohne Gedächtnis; ich stehe dem Unerwarteten offen gegenüber, und dieses Unerwartete kann ja auch ausbleiben. Man muß sich aber davor hüten, diese Leerstellen, diese Intervalle mit Worten aufzufüllen, die nicht wirklich notwendig wären. In diesen Fällen sollte man lieber schweigen.

Was heißt das, Sie sind ohne Gedächtnis, ohne Erinnerungsvermögen, es gibt doch sicherlich auch für den Dichter zugleich ein zu reiches Gedächtnis, zu viele Erinnerungen?! Zu viele fremde und eigene Verse, die mit ihnen mitgehen, zuviel Wissen?!

Nein, das meinte ich durchaus so, ich habe wenig Gedächtnis; die Dinge, die man liebt, heben sich ja von selbst auf; wenn ich sage, daß ich immer wieder neu lese, so bedeutet dies ja auch, daß ich die Gedichte Baudelaires oder Verlaines eben vergessen hatte, daß ich sie wieder ganz neu – obwohl ich weiß, daß es sie gibt – und wie zum ersten Mal wiederfinde. Ich kenne sie nicht auswendig; in meiner Jugend konnte ich viele Gedichte auswendig, doch jetzt nicht mehr.

ANDRÉ DU BOUCHET

Haben Sie sie vergessen wollen?

Nein, das hat sich von selbst ergeben, und das unterscheidet mich z.
B. von Paul Celan, der ein totales historisches Gedächtnis besaß, der
Erinnerungen des Verwurzelt- und des Entwurzeltseins besaß. Mir
war dies nicht gegeben; ich habe nicht dieses Bewußtsein einer
Tradition, zu der ich gehören würde. Daher auch vielleicht die
Begegnung mit den behauenen Steinen, die ja der Vorgeschichte und
eben nicht der Geschichte angehören.

Bleibt man auf diese Weise auch offener, ohne diese Last der Erinnerungen?

Ich weiß es nicht; man wird in jedem Falle auf sich selbst zurückge-
worfen und das kann ebenso zu einer Öffnung wie zu einem Sich-
Schließen führen, zu einer extremen Reduktion und, wenn etwas
fortlebt, zu einem neuen Ausgangspunkt. Nichts ist gegeben, alles
ist immer wieder neu zu erringen.

Gespräch mit

JEAN STAROBINSKI

Jean Starobinski, ich möchte zunächst weit ausholen und zurückblicken auf die Zeit, in der Sie sich für die Philologie und für die Medizin entschieden haben und nicht für die Musik. Letztere hat aber in Ihrem Leben eine entscheidende Rolle behalten?

Ich habe Musik stets nur als Amateur betrieben, so daß ich nicht sagen kann, ich wäre gewissermaßen der Musik verlorengegangen. Die Musik hat mich aber immer begleitet – beim Klavierspielen, doch auch in meinem Interesse für die Oper oder für die Stimmen. Es bleibt mir wenig Zeit, selbst am Klavier zu sitzen, doch versuche ich dafür, stets zu verfolgen, was in der Musik geschieht, was heute komponiert und aufgeführt wird. Am Anfang dieser meiner Aufmerksamkeit für die Musik stehen sicherlich die zahlreichen Uraufführungen, denen ich – von acht Jahren an – beigewohnt habe: ich meine die wichtigen Premieren des ORS (Orchestre de la Suisse Romande) in den zwanziger und dreißiger Jahren, damals als die großen Werke eines Alban Berg, eines Bartók oder eines Hindemith erschienen. Das alles hatte eine große Wirkung auf mich.

Gab es damals schon – ich meine, als Sie ungefähr zwanzig Jahre alt waren – eine Entscheidung, das zu tun, was Sie in der Folge tatsächlich getan haben, und d. h. in erster Linie, zu schreiben? Gab es eine bewußte Entscheidung für diesen Weg?

Wenn man zwanzig ist, kommt es darauf an, alle Möglichkeiten offen zu halten; so kommt es, daß dies alles noch nicht ganz deutlich zum Vorschein trat. Ich hatte damals freilich ganz übertriebene – heute würde ich sagen: völlig naive – Ambitionen. So hatte ich vor, das ganze Panorama der Mythen, die den Abstieg in den Orkus (in die Unterwelt) betrafen, sowohl in historischer als auch in philosophischer Hinsicht zu untersuchen. Mich interessierte der Erkenntnisweg, der sich angesichts dieser unterirdischen Offenbarung zu erschliessen gab, diese subterrane Revelation. Der sechste Gesang der Vergilschen *Aeneis* hatte eine große Wirkung auf mich ausgeübt, und ich fragte mich, ob diese Erfahrung der Unterwelten – und auf welche Weise – nicht als eine Art Grundlegung zu verstehen wäre, als ein fundierender Akt, gab es doch bei Vergil diese wichtige Offenbarung der politischen Gerechtigkeit und der Zukunft eines großen Staates, und dies gerade im Unterirdischen. Was mich damals beschäftigte, war dieser dunkle, versteckte und doch wieder so zentrale Aspekt, der das Erlernen der politischen Gerechtigkeit betraf. Alle diesbezüglichen Mythen aufzusuchen, die Tradition der Katabasis aufzuarbeiten, in alle Unterwelten hinabzusteigen – in diesem Projekt gab es etwas Unmäßiges, das ich aber – als Zwanzigjähriger – für machbar hielt. Als junger Mann ist man offen für diese großartigen Konstruktionen, genauso wie man bereit ist, den verschiedensten Aufforderungen von außen Folge zu leisten. Meine ersten literarischen Betätigungen waren allerdings nicht literaturwissenschaftlicher, sondern übersetzerischer Art. Ich übertrug nämlich Kafka ins Französische, da ja sein Werk im besetzten Frankreich nicht erscheinen konnte; die Schweiz stellte eine winzige Enklave der Freiheit dar, wo man diesen jüdischen Autor noch veröffentlichen konnte. Gleichzeitig begann aber auch, einer Aufforderung Marcel Raymonds, des für mich wichtigsten Professors an der Universität, folgend, meine Rezensententätigkeit in einer Schweizer Literaturzeitschrift. Ich schrieb also während der Kriegsjahre literarische Chroniken zur Lyrik, und meine ersten literarischen Studien betrafen so die Publikationen eines Pierre Jean Jouve, eines Pierre Emmanuel, eines Saint John Perse. Ich konnte, von dieser Stelle aus, gleichsam in unmittelbarer Synchronie, die wichtigsten Neuerscheinungen verfolgen, und ich erinnere mich, über *Exiles* geschrieben zu haben und ebenso über einen mystischen Abschnitt im dichterischen Werk Jouves, d. h. über den Band *Porche à la nuit des saints*, ebenso über die großen Texte des Dichters Pierre Emmanuel, der heute zu Unrecht viel zu wenig beachtet wird. Ich antwortete auf diese Weise auf die Dichtung, die zu meiner Zeit um mich herum entstand, es gab einen fortwährenden Dialog, und oft auch wichtige Freundschaften, persönliche Begegnungen mit meinen Zeitgenossen.

In dieser Zeit reifte dann ein neues, großes Projekt heran, und zwar auch diesmal in einer pluridisziplinären – d. h. literarisch-thematologischen, historischen und philosophischen – Perspektive: das Vorhaben, die Psychologie der Maske näher zu untersuchen. Es kam zunächst zu einem ersten, partiellen Wurf, doch habe ich das dort Abgebrochene z. T. in späteren Werken wieder aufnehmen können. Es kam mir bei diesem Projekt darauf an, in einer Epoche, in der die Männer überall in Uniformen lebten, in der die Uniform allgegenwärtig war, zu fragen, was es mit dieser Auslöschung der Person unter der Uniform auf sich hatte. Die Faschismen und die Totalitarismen, die uns damals umgaben, gingen, wie ich es sah, von der Maske aus: sie machten von der Maske Gebrauch, griffen – z. B. in der Uniform – auf die Maske zurück, um einzuschüchtern. Auch dieses Projekt entsprang meinerseits einer Hybris: man kann unmöglich die Geschichte aller Masken schreiben wollen, aller Typen und Untertypen der Maske, in allen Kulturen usw. So beschloss ich, meine Studie einzuschränken, indem ich mich einem Aspekt, der für die abendländische Tradition besonders wichtig ist, zuwendete: der zunächst schematischen und dann eine dialektische Form annehmenden Opposition zwischen Sein und Schein, der Opposition zwischen dem, was sich zeigt und dem, was sich versteckt. So kam es zu einer ersten Untersuchung, in der ich dem Phänomen der Zurückweisung der Maske(n) nachging; die Feinde der Masken, jene, die die Masken denunzieren und die die Feder zur Hand nehmen, um gegen die Masken anzurennen, die großen Demystifikatoren, jene, die gegen den Mißbrauch, der mit Masken betrieben wird, anschreiben, diese ganze Tradition, die in der angelsächsischen Welt unter dem Stichwort des »debunking« bekannt ist, jene, die die Masken vom Gesicht reißen, Tendenzen, Strömungen, die man z. T. auch in der heutigen Praxis der Dekonstruktion wiederfindet – dieses Gesamt von negativen Einschätzungen einer maskierten Welt schien mir wert, Gegenstand einer historischen Studie zu sein. Dieses umfangreiche Projekt endete nicht in einem großen Buch, sondern in mehreren, separaten Veröffentlichungen. Ich hatte mir vorgenommen, einen Autor pro Jahrhundert zu analysieren: Montaigne für das 16. Jahrhundert – ein Kapitel des ursprünglich vorgesehenen Werks, das nach einigen Jahren Arbeit zu *Montaigne en mouvement* (*Montaigne in Bewegung*) geführt hat; La Rochefoucauld für das 17. Jahrundert: jener Autor, der in seinen Maximen (und Reflexionen) die Masken vom Gesicht nimmt – es ist in dieser Hinsicht bezeichnend, daß das Emblem, das La Rochefoucaulds Maximen ziert, einen Amorino darstellt, der die Maske von Senecas Antlitz hochhebt, um hinter der Maske des tugendhaften Philosophen eine widerliche, abscheuliche Fratze zu offenbaren; ich habe Rousseau nicht ohne Zögern als den Repräsentanten des 18. Jahrhunderts gewählt, mich aber dann doch für Jean-Jacques entschieden, der in seinem ersten wichtigen literarischen Credo behauptet, daß die zeitgenössische Zivilisation, daß der Reichtum und der Luxus der großen Städte, in denen wir leben, nichts anderes seien als ein Dekorum, Blumengirlanden, die eine Wirklichkeit verbergen, die identisch ist mit Entfremdung und Unterworfensein. Was das 19. Jahrhundert angeht, so dachte ich zuerst an Stendhal, doch habe ich kein Stendhal-Buch geschrieben, obgleich ihm in meinem *L'œil vivant* – und vorher noch in den *Temps Modernes* – ein Kapitel gewidmet habe. Es war vor allem Rousseau, der mich dann immer wieder beschäftigt hat, und das ist für einen Genfer selbstverständlich. Was schließlich das 20. Jahrhundert angeht, so hatte ich wirklich die Qual der Wahl; ich entschied mich für Valéry, aber es hätten auch andere sein können, gibt es doch in unserem Jahrhundert eine ganze Reihe von Autoren, Schriftsteller und Philosophen, die der Dialektik von Sein und Schein nachgehen, diese neu formulieren, zurückweisen, uminterpretieren usw. Zu dieser grundlegenden Fragestellung, die ich immer noch weiter verfolge, kamen dann selbstverständlich später andere Interessen.

Die Tatsache, daß Sie von einer Reflexion über die Masken ausgegangen sind, einer Reflexion, die dann zu so wichtigen Büchern wie zu Ihrem ›Montaigne‹ oder ›Rousseau‹ geführt hat, ist bekannt. Unbekannt und

JEAN STAROBINSKI

äußerst interessant scheint mir aber zu sein, daß sie dabei von der tatsächlichen Omnipräsenz einer uniformierten Welt um Sie herum ausgegangen sind...

Es hat sich aber, gegen Ende des Krieges, so zugetragen. Wir hatten damals die Empfindung, daß gewisse dunkle Diskurse, die um den Identitätsbegriff kreisten, ausgenutzt worden sind, daß gewisse ideologische Konstruktionen zum Vorwand genommen wurden, um anderes durchzusetzen. Diese Identitäten schienen mir Masken zu sein, vor allem die nationalistischen Masken, die Nazi-Maskerade, diese Masken, die gegenwärtig wieder aufleben. Anderseits stand die Demaskierung in der Psychoanalyse bzw. in bestimmten tiefenanalytischen Praktiken gewissermaßen an der Tagesordnung. Ich hatte als Schweizer früh C. G. Jung gelesen, dessen Theorie der persona mir, als ich mein Masken-Projekt entwickelte, gegenwärtig war. Ich muß gestehen, daß mich seine *Einführung in das Wesen der Mythologie* eine Zeitlang regelrecht fasziniert hat, und zu all dem kam dann noch das reichhaltige Material, das ich während des Latein- und Griechisch-Studium zu diesem Thema gesammelt hatte. Worauf es mir aber ankam war, dies alles in einer Studie zu vereinigen, die mit den Problemen unserer Zeit zu tun hätte. Diesen Gegenwartsbezug möchte ich übrigens noch unterstreichen, gehört es doch gewissermaßen ins Zentrum meines Selbstverständnisses als Literaturwissenschaftler und Kritiker. Ich bin der Ansicht, daß man einerseits die ganze Dimension der Vergangenheit mit dem unglaublichen Reichtum, das damit verbunden ist, nicht aus den Augen verlieren darf, daß man seine Vergangenheit kennen muß, daß man jedoch anderseits auch unbedingt die Verbindung zu seinen Zeitgenossen suchen muß, um die Probleme aus dem Blickwinkel unserer Epoche heraus formulieren zu können, um zu seiner eigenen Zeit zu reden.

Ich möchte noch einmal auf das Grundproblem einer maskierten Welt zurückkommen und Sie fragen, ob Sie nach den vielen Studien, die Sie zu

93

diesem Thema verfaßt haben, der Ansicht sind, daß die Masken allmählich verschwinden, um der Wahrheit Platz zu machen, oder daß jede Epoche eine spezifische Form des Umgangs mit der Maske und d. h. dem Verhältnis von Sein und Schein ausprägt.

Um zu vereinfachen, würde ich zunächst sagen, daß alles darauf ankommt, gegen gewisse Formen der Unwahrheit anzukämpfen. Es gibt Tatsachen, es gibt bestimmte wahre Sachverhalte, die ungeachtet der relativistischen und historistischen Kritiken an ihnen nichts von ihrer Gewißheit verlieren. Ich halte nichts von groben Verallgemeinerungen in der Kritik, von allzu einfachen Erklärungen der Art: ›alles ist relativ‹. Die Lüge verdammen, ja bekämpfen zu müssen, scheint mir nach wie vor eine sinnvolle, ja notwendige Aufgabe zu sein. Was nun die sinnliche Welt angeht, d. h. das, was uns durch die Sinne gegeben ist, das, was auch den Illusionen entspricht, die uns unsere Sinne bescheren, erscheint mir die Antwort, die ein Montaigne im 16. Jahrhundert (und d. h. lange Zeit vor Kant) gibt, die vernünftige zu sein. Montaigne unterstreicht, daß wir keinen Zugang zum Sein haben, daß dieser Zugang versperrt sei und daß wir uns bei unserer Wahrheitssuche wohl oder übel mit den Erscheinungen abgeben müssen; er betont, daß die Sphäre der Erscheinungen, jene des Scheins und der Illusion, zu rehabilitieren ist, und zwar aus der Gewißheit heraus, daß es sich genau darum handelt, daß die Welt eine solche des Scheins und der Illusionen ist. Wir leben zwar heutzutage in einer Wirklichkeit, in der der mathematische Kalkül, die Physik, die intellektuelle und technische Beherrschung der Kräfte, die unsere Erde bestimmen, es gestatten, hinter die Dinge zu blicken, und d. h., den sinnlichen Schein hinter sich zu lassen. Die (physikalische) Weltsicht eines Aristoteles ist damit schlechthin überholt und widerlegt, doch bleiben wir, was unsere Erfahrungen in der Lebenswelt angeht, durchaus Sinneswesen, die auf die Dinge und Wesen, die uns umgeben, sinnlich reagieren. Es gibt mit anderen Worten auch in der Welt, wie sie sich uns sinnlich-elementar zu erkennen gibt, eine Wahrheit, eine Wahrheit des Kontaktes zu diesem Grün der Bäume, zum Rauschen des Windes, ich meine diese Erfahrung, die die Dichter stets zu gestalten und zu interpretieren versuchen, diese andere Wahrheit, die in die Sphäre der Phantasmagorie des Sinnlichen gehört.

Sie meinen so etwas wie die Unmittelbarkeit der sinnlichen Erfahrung, eine unmittelbare Präsenz der Erscheinungswelt?

Ja, ganz und gar. Es handelt sich um einen Akt der Wiedervereinigung mit dem, was wir je schon sind, mit dem, was uns in der Erfahrung gegeben ist, dasjenige, was, wie auch immer, am Anfang all unserer Erfahrungen steht, welche komplizierten Vorgänge des Ordnens, des Kalkulierens auch in den höheren Sphären des Verstandes und der Vernunft hinzukommen mögen. Diese erste Stufe, die den Phänomenologen bekannt ist, ist jene, von der vor allem die Dichter sprechen. Es handelt sich um die Unauslöschlichkeit einer sinnlichen Erfahrung, die uns gegeben ist – oder soll ich sagen: die sich uns gibt – , um dasjenige, das sich in dieser Minute selbst, in der wir leben, unserem Körper selbst mitteilt. Etwas was hier ist, mitten drin in unserem Körper und zugleich draußen, in der Welt. Dieses Interesse für den Menschen als Sinneswesen hat mich dazu bewogen, mich später – als Mediziner – mit den Weisen unserer körperlichen Selbst-Erfahrung zu beschäftigen, mit dem Körpergefühl; auch da geht es um diese Unmittelbarkeit.

Während Sie von den Dichtern sprachen, mußte ich an das Werk Ihres Freundes Yves Bonnefoy denken, bei dem dieser Zugang zum Unmittelbaren sowie die Nostalgie angesichts des allmählichen Verlustes dieser Unmittelbarkeit spürbar ist...

Es gibt bei Bonnefoy, doch man könnte in diesem Zusammenhang auch andere Namen nennen, so etwas wie einen beständigen Kampf gegen die intellektuellen Konstruktionen, die uns den Zugang zur Präsenz versperren. Bonnefoys große Idee besteht darin, daß man diese Präsenz, dieses Unmittelbare feiern muß, daß man es zu teilen und mitzuteilen hat. Es handelt sich hierbei nicht um irgendein vages Sein oder dergleichen, obwohl das Wort »être« (Sein) bei ihm vorkommt. Sein und Präsenz sind für ihn ein und dasselbe. Bonnefoy wirft der Platonischen Tradition vor, überall nach Wesenheiten, nach Begriffen zu suchen. Der Dichter muß Bonnefoy zufolge einen entgegengesetzten Weg gehen, so daß man in seinem Falle sogar von einem auf den Kopf gestellten Platonismus gesprochen hat. Zurück zu den Erscheinungen, weg von der allzu puren und allzu schneeweißen Sphäre reiner Wesenheiten. Was ich hier von Bonnefoy gesagt habe, kann man übrigens z. B. auch im Werk eines Michel Leiris wiederfinden. Es gibt auch bei Leiris so etwas wie die Aufmerksamkeit für die Wahrheit des Zweideutigen; viele Bücher Leiris' und viele seiner autobiographischen Aufzeichnungen gehen von bestimmten, in der Kindheit falsch verstandenen Worten aus. Diese mißverstandenen Worte, dieser Schein, der einen verführt hat, all das ist aber mit zahlreichen wichtigen Assoziationen verbunden, so daß dieses Unwahre für die persönliche Erfahrung etwas Wahres und Ursprüngliches darstellt. Auch Leiris kehrt demnach in seinen Texten zurück zu etwas Ursprünglichem an der Schwelle von Sein und Schein.

Ich möchte, um das, was ich bis jetzt gesagt habe, ins rechte Licht zu rücken, betonen, daß ich mich selbst als Aufklärer begreife, als jemanden, der sich der rationalistischen Tradition der Aufklärung nahe fühlt. Nichts ist mir fremder und unangenehmer als diese Mystiken, die man heute produziert; das Sektierertum, die Mysterien und Ekstasen, die man als Offenbarungen ausgibt – in all diesen Tendenzen triumphiert m.E. wohl doch nur der Mutismus, die schlechte Absonderung, die Einseitigkeit überhaupt, während ich in der sinnlichen Erfahrung, in der Unmittelbarkeit dieser Erfahrung etwas Universelles erkennen und begrüßen kann.

Ist es ein Zufall, daß wir in unserem bisherigen Gespräch, in dem es mir (auch) um Ihren Werdegang als Intellektueller geht, immer wieder auf ge-

genwärtige, ganz aktuelle Probleme zu sprechen kommen? Gibt es, anders gesagt, heute Gründe, die bewirken, daß ein Intellektueller unmöglich im Elfenbeinturm – in der Bibliothek, in der Universität, im Privaten – bleiben kann, daß er nach außen blicken *muß*?

Ich bin, was dies angeht, wohl eher konstant geblieben, so daß meine Aufmerksamkeit heute keine andere ist als jene, die ich in den furchtbaren Tagen des Zweiten Weltkriegs meiner Umgebung gewidmet habe, obwohl ich damals in der Schweiz, in Genf lebte, d. h. abseits von den Ereignissen. Obwohl ich Bewohner dieses ruhigen Landes inmitten Europas bin, glaube ich, daß es das gemeinsame Schicksal der Menschheit ist, das uns alle beschäftigen und wach halten muß. Ich berühre in meinen Untersuchungen sicherlich viele Dinge, die von der Politik, vom Politischen sehr entfernt scheinen. Ich habe mich nie direkt politisch betätigt, und die Hoffnungen der Linksintellektuellen in der Nachkriegszeit habe ich nicht teilen können, obwohl ich selbstverständlich die intellektuelle Debatte der Zeit mit Aufmerksamkeit verfolgt habe. So interessierte ich mich z. B. für Merleau-Ponty, und zwar nicht nur für seine *Phänomenologie der Perzeption*, sondern auch für seine politischen Texte, die ich mit spektischer Neugier zur Kenntnis nahm. Was mich heute im Politischen beschäftigt, sind jene Phänomene, die uns alle angehen, Alltagserscheinungen, die uns – als Menschen – alle betreffen; ich ›lese‹ diese aber in einem historischen Kontext und setze demnach meine literarische, gelehrte Lesart der Kritik all jener aus, die eine solche Haltung als elitär ausgeben. Ich kann diesen Kritikern nur sagen, daß ich zu dieser meiner tieferen (unterirdischen) Sicht der Dinge stehe – dies alles hängt eben mit meiner ganz persönlichen historischen Situation zusammen und mit den Möglichkeiten, die mir geboten worden sind. Die Gegenstände und Phänomene, die mich jetzt beschäftigen und deren geschichtlichen Horizont ich im Kontext der Literatur- und Medizingeschichte zu erkunden versuche, hängen vor allem mit dem *Tagesablauf* zusammen. Wie leben wir unsere Tage, wie folgt das eine auf das andere im Tagesablauf? Welcher

Ordnung gehorchen wir dabei? Welche Typen der Einteilung gibt
es? Auf welche Weise erscheinen die einzelnen Tage in religiöser
Hinsicht geordnet, wie wird die Ordnung der Arbeitstage geregelt?
usw. Dann interessiert mich auch, auf welche Weise diese Einteilun-
gen in der Literatur wiederspiegelt werden, z. B. in der Autobiographie. Welcher ist der Tagesablauf bei Rousseau? welcher bei einem
anderen Autor? Hier gilt es, auf die Abfolge der Stunden zu achten
– wie folgen die Stunden aufeinander? Und Baudelaire hat uns in
diesem Zusammenhang ebensoviel zu sagen wie Valéry. Wir Menschen sind primär Körper, die der Zeitfolge des Tages und der Tage
folgen. All dies betrifft entscheidende Voraussetzungsstrukturen für
uns alle als Gemeinschaftswesen. Nicht minder wichtig scheint mir
aber auch das Problem des Körpers selbst, der Körperlichkeit zu
sein. Valéry stellt in einer Notiz so völlig zutreffend fest: »Der Tag
und der Körper – diese zwei grundlegenden Kräfte.« Daß es eine
solche, wichtige Sinneswahrnehmung des Körpers, eine körperliche
Erfassung der Welt gibt, davon haben wir bereits am Anfang gesprochen.

Sie studieren den Tagesablauf einerseits seiner wissenschaftlichen, z. T.
medizinischen Logik folgend und verbinden diese Analysen aber beständig
mit ästhetischen, vor allem literarischen Sachverhalten. Gibt es hier eine
Brücke? Wie kommt das Eine m. a. W. mit dem Anderen zusammen? Kann
es eine gemeinsame Betrachtungsweise geben?

Was den Tagesablauf angeht, so gehe ich hier nicht auf medizinische
Sachverhalte ein, d. h. auf wissenschaftliche Studien, den Biorhyth-
mus betreffend oder dergleichen. Ich bin in meinen Analysen des
Tagesablaufs bei Rousseau oder der apologetischen Aspekte des
Tages in der abendländischen Literatur von Ronsard an nur bedingt
auf medizinische Tatsachen eingegangen. Viel mehr habe ich auf die
religiösen Eigenheiten des Tagesablaufs geachtet, auf die sieben
Gebete des jüdischen Tages, auf die kanonischen Stunden; die Listen,
die gegen die Nacht angewendet wurden, die Versuche, sich vor den

Gefahren der Nacht zu schützen, die eine sehr lange Tradition
haben, bevor es in unserer Zivilisation beleuchtete, helle Nächte
gegeben hat – dies alles hat mich interessiert.

Gibt es, was den Tagesablauf betrifft, eine lineare Entwicklung in der Menschheitsgeschichte?

Es gab, und zwar während einer sehr langen Periode, eine religiöse
Einteilung des Tages, und dann kam es in den großen, allmählich
industrialisierten Städten – in Flandern z. B. wohl vom Mittelalter
an – zu einer anderen Ordnung; die Stunden markierten für diese
Städtebewohner nun den Beginn und das Ende der Arbeit(szeit), in
den großen Hauptstädten markierten hingegen die einzelnen Berufe
mit ihrem Rhythmus die Zeit, die Rufe von Paris oder von London,
die ab dem 16. Jahrhundert in der Musik wiederzufinden sind,
prägten das Zeitbewußtsein der Großstädte. Während manche
Schriftsteller, etwa Rousseau, ihren Tag beschreiben, um auf die
glückliche, erfüllte Weise hinzuweisen, in der sie den Tag – zu einem
gewissen Zeitpunkt ihres Lebens – auslebten, trifft man auch auf
kollektive Berichte, in denen der Tagesablauf einer ganzen Kleinstadt thematisch wird, so z. B. zu finden bei Sébastien Mercier, einem
Autor des 17. Jahrhunderts, aber auch bei Balzac, im berühmten
Vorwort zu *La fille aux yeux d'or* (*Das Mädchen mit den goldenen
Augen*): ein großer Tag von Paris, ein Tag, der jener der ganzen Stadt
ist, so bei Gogol, der vom Tag auf dem Newski Prospekt erzählt, das
Erwachen von Sankt Petersburg.

Joyce...

Joyce, erneut ein großer Tag, der 6. Juni 1906, Valéry, doch hier
befinden wir uns nicht mehr im Horizont des kollektiven Bewußtseins; Valéry will in der Jeune Parque (Die Junge Parze) einen Tag
eines Körpers und eines Bewußtseins darstellen, Claude Simon
nimmt in *Histoire* die Geschichte des Prozesses der zwei Joyce auf,

und Virginia Woolf tut ein Ähnliches in *Mrs Dalloway*, wo man den ganzen Tag lang immer wieder das Läuten des Big Ben hört, ein Tag, der mit ihrem Selbstmord endet. All das, die kulturhistorische Abfolge dieser Tagesabläufe, kündet vom Fortgang des Bewußtseins und ebenso von der Entwicklung der Gesellschaft oder, wie man besser sagen sollte, der Gesellschaften. Ich glaube nach wie vor an den Wert gerade dieser Art von thematischen Untersuchungen, die man allzuoft für überholt erklärt hat, doch möchte ich zugleich erläuternd hinzufügen, daß ich nicht jeden Typus thematischer Analyse gutheiße. Man hat lange Zeit nur die großen Konstanten herausarbeiten wollen, die Wiederholung des immer gleichen Themas durch die Zeiten hindurch, die ewige Wiederkehr bestimmter Zusammenhänge, und hat dies dann durch tiefenpsychologische Gesetzlichkeiten erklären wollen. Mein Blick galt aber immer wieder und gilt immer noch den Modifikationen eines Themas, dem, was Jauß als Dialektik der Frage und der Antwort bezeichnet, mir geht es um die Transformationen gewisser grundlegender Themen im Zuge der Menschheitsgeschichte. Das Thema, das durch verschiedene Transformationsstadien durchgeht, fungiert gleichsam als ein Test für die Wandlungen im Bewußtsein der modernen Gesellschaften.

Wie gehen Sie eigentlich bei diesen großangelegten thematischen Studien vor? Sie haben immer wieder betont, nie *eine* Methode verwenden zu wollen. Wie gewinnt eine Idee, ein Ausgangspunkt Form? Was geschieht in diesem Übergang, der nichts anderes darstellt als die Untersuchung selbst?

Was ich als Thema bezeichnet habe, ist zunächst nichts anderes als eine Frage, die ich mir stelle und die mich beschäftigt, und ich warte gleichsam auf die Antwort, die eine historische Tradition bereits gegeben hat, eine Tradition, die mir aufgrund meiner literarischen Kenntnisse, meiner Interessen und meiner Lektüren zugänglich ist. Was hat überhaupt zu dieser (meiner) Fragestellung geführt? Wie kam es dazu, daß ich, um dies zu formulieren, gerade diese Ausdrücke und diese Begriffe benutzt habe, um das Problem zu formulieren, das meine Neugierde geweckt hat, dieses Problem, in dem ich stecke. Weil ich »Thema« in diesem Sinne begreife, interessiere ich mich konsequenterweise auch für die Semantik gewisser Ausdrücke, für die Wortgeschichte: Wie kam es dazu, daß ein Wort in unseren Wortschatz aufgenommen wurde? Wie konnte es sich durchsetzen, um den Sinn zu gewinnen, den wir heute mit ihm verbinden? Hat es Bedeutungen dieses Ausdrucks gegeben, die verloren gegangen sind? Das sind die Art Fragen, die ich zu stellen pflege, und dies führt dazu, daß für mich Themen eben nicht identisch sind mit ewigen Motiven, mit Invariablen – ein Thema ist m. E. vielmehr etwas, das den größeren, allgemeinen Rahmen für ein Problem abgibt, und entsprechend fühle ich mich auch völlig frei und befugt, ein Thema, je nachdem, von einer stilistischen oder aber auch von einer komparatistischen Perspektive aus zu erforschen oder aber auch von einer sozio-historischen Warte aus. Es stört mich dabei auch nicht, daß man meine Methode – wie es Eagleton getan hat – als idealistisch ausgibt; ich glaube, er irrt sich mit dieser Einschätzung. Soziale Strukturen sind in meinen Augen nicht minder wichtig als gewisse stilistische Phänomene! Die Vergangenheit stellt nämlich nicht nur ein bloßes Vorbereitungsstadium für die Gegenwart dar, sondern sie ist auch der Entstehungsort jener intellektuellen Errungenschaften, die überhaupt erst dazu führen, daß wir zu dem werden konnten, was wir sind. Die vorangegangenen Erkenntnisse der Schriftsteller und der Philosophen sind demnach von entscheidender Bedeutung, und wir sind nur deswegen fähig, heute zu einer Weltsicht zu gelangen, die wir intersubjektiv mit anderen teilen können, weil wir die Erben jener Diskurse sind, die überhaupt erst zu den Problemen geführt haben, die uns jetzt als aktuelle erscheinen. Ich hoffe, mich einigermaßen klar ausgedrückt zu haben. Wir sind Produkte dieser uns vorangehenden Sprache, und unsere heutigen Begriffe haben ihren Anfang genommen in den Texten der Vergangenheit. Genau in diesem Sinne habe ich z. B. in letzter Zeit über den Begriff der Reaktion gearbeitet: ein physikalischer Begriff, der sich in der aristotelischen Physik des Mittelalters entwickelt, um danach – in abstrakterer und gleichsam gereinigter Form – bei Newton als Prinzip der klassischen Mechanik definiert zu werden, um später auf alle Lebensbereiche bezogen zu werden und um erst recht spät zum politischen Begriff zu werden, und zwar in dem Augenblick, in dem sich die Idee des Fortschritts durchsetzt, so daß Reaktion erst gegen Ende des 18. Jahrhunderts, d. h. nach Thermidor, den Sinn gewinnt, den wir heute damit verbinden; dann gibt es natürlich die großen mit dem Rekationsbegriff verbundenen philo-poetischen Entwürfe eines Schelling oder eines E. A. Poe in seiner *Eureka*. Das Schicksal dieses einen Ausdrucks, auf den wir ebenso bei Balzac treffen, scheint mir demnach ein sprechendes zu sein; kein Thema, sondern ein heute noch gängiger Ausdruck, dessen Wert als begriffliches Instrument von der Vergangenheit her deutlich wird.

Was Sie als Ihre Methode – oder besser: als Ihre Nicht-Methode – oder Ihre Methodenvielfalt präsentieren, hängt stets mit dem Begriff der Geschichte zusammen. Nun gehört aber auch die Idee der Geschichte in einen Bereich, der heutzutage als überholt bezeichnet wurde. Sie scheinen aber nach wie vor am Konzept historischer Forschung festzuhalten?

Man muß eines klar sagen: daß wir Geschichte hier und heute betreiben und daß Geschichte heute etwas ganz anderes bedeutet als Geschichte gestern oder vorgestern. Wir wenden uns heute anderen Problemkreisen zu, mit anderen begrifflichen Mitteln, anderen Zielen folgend. Angesichts dieser Sachlage jedoch alles relativieren zu wollen, läuft auf die Abschaffung jeglichen Interesses hinaus, und d. h. auch auf die Abschaffung eines Interesses für die Geschichte selbst. Die radikalen Kritiker der Geschichte scheinen mir insgeheim ihre eigene Kritik kritisiert zu haben, so daß ihre eventuellen Einwände von den stillschweigenden Voraussetzungen immer schon untergraben werden. Diese Leute zerstören sich selbst mit eigenen Händen, und ich bin der Ansicht, daß jegliche Form eines als allgemeines Gesetz ausgegebenen Relativismus oder Historismus die eigenen Wurzeln ausreißt und zur Selbstauflösung führt. Es gibt etwas, das wir unbedingt retten und aufbewahren müssen, etwas von der Art der Spur oder des Erinnerungsmals, etwas, das als Repräsentation zwar nichts schlechthin und unwandelbar Wahres darstellt, das aber, vor und hinter uns, in der Vergangenheit gelegen, einen Raum darstellt, der es uns ermöglicht weiterzuatmen. Ginge diese Vergangenheit in einem Akt momentaner Empfindung oder Erregtheit verloren und würden wir nur noch allein auf die Reizwerte unserer unmittelbaren Gegenwart reagieren, dann würde etwas Entscheidendes fehlen, und wir hätten keinerlei Möglichkeit mehr, unsere Zukunft meistern zu können. Man lernt zwar, wie wir wissen, nicht aus der Geschichte, die Lösungen für die Probleme von heute stehen in der gestrigen Geschichte nicht bereit, und wir können nur das Einstige und das Jetzige vergleichen, ohne in der Geschichte Rezepte für die Gegenwart zu finden, doch verweist uns die Geschichtlichkeit selbst auf die grundlegende Dimension der Verantwortung, die uns in jedem Moment unseres Lebens begleiten muß. Die historische Vergangenheit unterliegt zwar dem Wandel, gehorcht unterschiedlichen Interpretationen, doch gäbe es dieses Bewußtsein von Geschichte nicht, dann wären wir verarmt und völlig orientierungslos. Wenn es einen Begriff gibt, an dem wir festhalten müssen, dann ist es jener des Sinns. Wir möchten alle, nehme ich an, ein sinnvolles, sinnerfülltes Leben führen. Ohne Vergangenheitsbezug würde uns aber ein grundlegendes Mittel der Sinnfindung abgehen, ein Mittel, der Gegenwart einen Sinn zu verleihen, und deswegen muß man die Geschichte verteidigen. Es gibt in der Vergangenheit unveränderliche Tatsachen, an denen man festhalten muß. Wir wissen, daß es Konzentrationslager gegeben hat, und das *kann* man nicht leugnen. Die Historiker können, von Dokumenten ausgehend, darüber streiten, ob es wirklich eine bewußte Entscheidung gegeben hat, einen Plan, oder aber, ob diese KZs ›improvisiert‹ wurden. Was aber nicht geleugnet werden kann, sind die Tatsachen. Tatsachen wie die Geburt und der Tod, die man nicht in Frage stellen kann. Von diesen Tatsachen kann dann die Interpretation ihren Ausgang nehmen. Es gibt Dokumente der Vergangenheit, die man nicht leugnen kann: ein Buch, das in seiner jetzigen Form in unseren Händen ist. Der Philologe kann noch so sehr sagen, es gebe in diesem Buch Passagen, die nicht authentisch sind usw., doch der Einfluß, den dieses Buch vor 30 Jahren gehabt hat und auf dessen Spuren wir jetzt noch stoßen, kann nicht geleugnet werden.

Hängt Ihr Plädoyer für die Geschichte und damit – indirekt – für die Erinnerung mit der jüdischen Tradition zusammen?

Ich glaube, daß unsere philosophische Tradition in dieser Hinsicht genauso wichtig ist wie die jüdische oder die christliche. Man könnte aber schon die griechischen Historiker nennen, Herodot z. B., die Geschichte des peloponnesischen Krieges usw. Worauf es m. E. ankommt, ist der Geschichtssinn, daß man den Ereignissen in der Zeit einen Sinn verleiht. Die jüdische Tradition verbindet die Geschichte in bestimmten grundlegenden Daten, die bewirken, daß eine Nation gleichsam als Priesterin der anderen erscheinen kann, zumindest ist dies die Doktrin der Propheten: daß hier ein Volk im Namen aller anderen zu Gott spricht. In Griechenland wird hingegen den Kausalitäten nachgegangen, die eine Konstellation der Gegenwart zu erklären vermögen, z. B. bei Thukydides, doch sind uns diese verschiedenen Traditionen und Interpretationen gleichermaßen unersetzlich. Schon Herodot spricht vom Unterschied, die Gewohnheiten und Lebensweisen der Völker betreffend, doch er gibt diesen geschichtlichen Überblick in einem Buch, das vereinigte Register der mannigfaltigen Geschehnisse in der Welt. Auch Montaigne, der Skeptiker Montaigne, geht ähnlich vor: er beobachtet die unterschiedlichen Gewohnheiten, vergleicht sie untereinander, stellt fest, wie das eine für den anderen wichtig sein kann, während es für den anderen hinderlich wäre; er führt eine differenzierte Betrachtungsweise der Institutionen ein, doch hebt auch er die Gemeinsamkeit hervor, den gemeinsamen Grund: den Respekt, den man den anderen zollen muß, die Friedenspflicht, den Gehorsam gegenüber dem Gesetz, der zu verbessern ist usw. Er verweist m. a. W. auf die

Grundbedingungen des gesellschaftlichen Zusammenlebens, und insofern hat Montaigne für uns heutige nichts an Aktualität verloren.

Vor allem heute erscheint es besonders interessant, auf den Verfasser der *Essais* zu hören?

Das stimmt. Liest man ihn heute, liest man z. B. seine Invektiven gegen bestimmte die Sexualmoral seiner Epoche betreffenden Gewohnheiten oder dergleichen, nimmt man seine Kritiken zur Kenntnis und auch den Aberglauben, von dem er nicht ganz frei ist, so bleibt bei Montaigne jedoch eines fraglos bestehen: das Mitleid, das Mitgefühl, bestimmte Grundprinzipien, die das Zusammenleben der Menschen unter- und miteinander regeln. Es gibt bei Montaigne keinerlei Konzession an die Grausamkeit oder die Gewalt! Wie hätte er auch sonst einer der ersten Kritiker und Ankläger der Exzesse sein können, die die Kolonisation des amerikanischen Kontinents geprägt haben. Es gibt demnach bei Montaigne unantastbare Prinzipien, die man nie in Frage stellen kann.

Sie sprachen zuvor von der Wandlung des historischen Bewußtseins, der Tatsache, daß die Phänomene mit der Zeit in einem anderen Licht gesehen werden. Welche Entwicklung hat es, um dies zu konkretisieren, hinsichtlich eines Ihrer großen Forschungsfelder gegeben, hinsichtlich der Melancholie? Hat sich der Blick auf die Melancholie – Sie studieren dieses Phänomen seit nunmehr fast vierzig Jahren – geändert?

Ich hatte wohl zunächst eine recht stereotype Vorstellung von der Melancholie. Nun handelt es sich aber im Falle der Melancholie um eine der bekanntesten psychischen Störungen, deren Krankheitsbild recht genau angegeben werden kann. Die Psychiater wissen, daß es zu einer Reduktion des Ideenhorizonts kommt, daß der Melancholiker einseitig vergangenheitsbezogen orientiert ist, daß er zur Selbstanschuldigung neigt usw. Seit einiger Zeit hat uns aber die junge Disziplin der Ethnopsychiatrie gelehrt, daß die Melancholie in gewissen Kontinenten fast völlig fehlt, jedenfalls die Melancholie, wie wir sie von der griechischen Antike an bis heute zu erkennen und zu identifizieren gelernt haben. Die Ethnopsychiatrie hat uns m. a. W. gezeigt, wie kulturabhängig manche Syndrome sind. Man kann darüber streiten, ob es sich hier um genetische Unterschiede handelt, die mit so etwas wie der Rasse zusammenhängen oder aber, ob die Differenzen wirklich primär kulturell sind; wie dem auch sei, man findet aber z. B. in gewissen afrikanischen Gesellschaften nicht das System von Selbst-Vorwürfen, auf das wir in unserer abendländischen Zivilisation stoßen, auf dieses Schuldgefühl, das – zumindest von den Homerischen Texten an – mit der Melancholie verbunden wird. Das relativiert die früheren Ergebnisse der Melancholieforschung nicht vollständig, macht es aber notwendig, diese mit anderen Erkenntnissen zusammen zu beurteilen. Insofern gelangen wir mit der Zeit zu differenzierteren Erklärungen und können z. B. das Phänomen der Melancholie mit jenem der Person verbinden, der Person, die für ihre Ehre und ihr Heil verantwortlich ist. Wenn der Historiker folglich seine Fragestellung aufgrund neuerer Erkenntnisse ändert, so kann er dabei auch zugleich die Probleme sehr viel präziser fassen.

Wie kam es überhaupt zu diesem Interesse für die Melancholie? Kam hier der Arzt Starobinski vor dem Kulturwissenschaftler?

Anfänglich hing dies mit meinem ersten großen Projekt – mit der Maske und dem Schein – zusammen. Der Melancholiker ist nämlich jemand, der nicht mehr den Erscheinungen, wie sie gegeben sind, traut, er glaubt, daß man ihn betrügt, daß überall um ihn herum Fallen lauern. Er hat kein Vertrauen in das, was er berührt oder sieht. So gibt es, zumindest in der paranoiden Form der Krankheit, um den Melancholiker herum nur bedrohliche Gestalten, Verfolger, Illusionen, die sich auflösen, Schatten, die rasch vorüberhuschen. Weil sein innerer Lebensrhythmus verlangsamt ist, erscheint ihm draußen alles in ungeheurer Beschleunigung, so daß er wie der Jacques in *As you like* it zur Schlußfolgerung kommen wird, daß das ganze Leben ein Theater ist. Auf diese Weise ist es aber sehr oft gerade der Melancholiker, der die Masken verurteilt, der zum Feind der maskierten Gesellschaft wird. La Rochefoucauld und Montaigne sind in dieser Hinsicht sehr aufschlußreich. Beide geben sich als Melancholiker zu erkennen und beide beginnen einen verbitterten Kampf gegen den Schein. Sie sehen, wie das Melancholieproblem mit jenem der Maske zusammenhängt. Andererseits habe ich aber als Arzt in einer psychiatrischen Anstalt bei Lausanne eine Zeit vebracht; dort behandelte man die Patienten mit den damals neuen chemotherapeutischen Mitteln – den sogennanten trizyklischen Medikamenten – und es kam zu ganz außerordentlichen Ergebnissen, zu regelrechten Metamorphosen. Die Idee, die mich in meiner (medizinischen) Doktorarbeit leitete, war die Geschichte der Behandlung der Melancholie zu schreiben, wie man von den mehr physikalischen Mitteln über die pharmakologischen allmählich zu den psychologischen und psychotherapeutischen Interpretationen und Behandlungsarten der Krankheit gekommen ist. Ich habe diese Geschichte bis ungefähr 1900 verfolgt, ohne dabei die Psychoanalyse einzubeziehen oder die modernen Verfahren wie den Elektroschock oder die Chemotherapie. Daß ich meine Arbeit nicht fortgeführt habe, hängt nur mit äußeren Umständen zusammen: In der Buchreihe, in der meine Untersuchung erschienen ist, ist der Platz für die Behandlung der Melancholie im 20. Jahrhundert für Roland Kuhn offengehalten worden, und das Buch ist selbstverständlich nie erschienen. Meine Geschichte bleibt demnach bei der Vorgeschichte stehen.

Werden Sie diese Lücke füllen und die Arbeit über die Melancholie zum Abschluß führen?

Ich habe in der Tat verschiedene Pläne, ich möchte den Rahmen der Melancholie erweitern, indem ich das Phänomen der Nostalgie analysiere. Die Nostalgie als ein Aspekt der Melacholie. Wenn mir genug Zeit bleiben wird und wenn ich meine anderen Projekte über

GESPRÄCH MIT ...

den Tagesablauf oder über das Körpergefühl, die alle auch irgendwie mit dem Melancholieproblem zusammenhängen, zu Ende führen kann, dann würde ich gerne diese Studie wieder aufnehmen, sie fortführen und verbessern. Es geht dabei wohlgemerkt nicht um eine Art Kuriosum der Medizingeschichte, um irgendwelche Folge von Anekdoten, die die Pathologie betreffen, sondern es handelt sich dabei um eine unserer wichtigsten Arten des Weltbezugs in einer Situation, in der dieser Bezug gestört erscheint.

Jean Starobinski, Sie sind Ihrer Natur nach eher ein Kritiker denn ein Polemiker?

Ich glaube, daß es darauf ankommt, das, was solide ist und was sich mit den Erfordernissen einer gesunden Gesellschaftsordnung deckt, von dem scharf zu trennen, was nur zur Gewalt und zur Auflösung des gesellschaftlichen Netzes führen kann. Man darf das Modell einer positiven, gesunden Gesellschaft nicht auf eine ethnische Gruppe beschränken, sondern man muß stets die Gesellschaft, wenn nicht unbedingt auf der Skala des ganzen Erdballs, so doch auf der Skala Europas messen. Sie könnten einwenden, daß ich mit dem Wort von der gesunden Gesellschaft einer Art Biologismus das Wort rede. Ich glaube nicht, daß das der Fall ist, denn für mich bedeutet eine gesunde Gesellschaft nichts anderes als einen Verbund, der dauern, der fortdauern kann; fortdauern kann die Gesellschaft aber gerade, weil die Moral, die sie sich vorgibt und die Institutionen, die deren Kontrolle sichern, sich in einem harmonischen Gleichgewicht befinden. Deswegen kann in einem solchen gesunden Gemeinwesen vieles stillschweigend vor sich gehen, kann es so etwas wie eine stumme Eintracht geben. Wenn hingegen alles unselbstverständlich wird und alles diskutiert werden muß, dann steckt eine Gesellschaft in der Krise. Es gibt zwar immer etwas, das Schwierigkeiten aufwirft, doch findet eine gesunde Gesellschaft immer Lösungen dafür, weil es gemeinsame Werte gibt. Wo es aber zu Grundsatzkonflikten kommt, zum permanenten Wertekonflikt, dort ist die Gesellschaft selbst in Gefahr, aufgelöst zu werden, und die Geschichte zeigt, wie sich die Gesellschaften nach und nach zersetzt haben. Das Gleiche könnte aber auch uns geschehen, sobald es keine Gemeinsamkeit der Ansichten gibt, sobald die Harmonie zwischen den Werten, an denen die einzelnen Lebewesen hängen, und den Werten, die die Staaten und Regierungen vorschreiben, ins Wanken gerät.

Sie haben sich selbst zuvor als einen Aufklärer bezeichnet. Was hat dies heute zu bedeuten? Wie hat sich ein Individuum heute zu verhalten?

Es kommt darauf an, jegliche Form der Gewalt als ein Übel anzusehen; es kommt darauf an, die Gewalt durch das Recht einzudämmen, und zwar durch ein Recht, dem Folge geleistet wird und über das man sich nicht lustig macht. Es kommt ferner auf die Erziehung der Individuen an und auf die Institutionen, die dafür verantwortlich sind. Das Eine kann vom anderen nicht getrennt werden. Wir wissen aber, daß es heute ein Erziehungsproblem gibt, daß die neuen pädagogischen Mittel integriert werden müssen. Wir müssen lernen, mit den neuen audio-visuellen Mitteln zurechtzukommen, denn das ist unsere heutige Welt. Doch auch die beständige Überflutung mit den allerverschiedensten Stimuli muß geregelt werden, es muß darauf geachtet werden, daß diese Stimuli nicht zu bleibenden Widersprüchen führen und auf diese Weise lähmend wirken. Es gibt eine ganze Reihe solcher Aufgaben. Man darf einem Liberalismus, der alles zuläßt, allem Tür und Tor offen läßt, mißtrauen. Die Vielfalt der Stimuli, die heute auf einen jungen Menschen einwirken, scheint mir gefährlich zu sein, und zwar deswegen, weil es sich um widersprüchliche Reize handelt, die letztlich dazu führen, daß sich das Ich als verantwortliches nicht mehr zu konstituieren vermag, daß diese Konstitution unselbstverständlich wird. Es ist ein Leichtes, für die völlige Liberalisierung der Pornographie im Fernsehen mit dem Argument einzutreten, daß der einzelne Bürger in seiner Freiheit schon zu wählen wisse, was er sehen wolle. Was aber, wenn man diesem Bürger nicht beigebracht hat, was freie Wahl bedeutet? Was, wenn er nicht gelernt hat, frei zu sein? Dies ist die große Lektion Rousseaus, daß die Gesellschaft den Einzelnen lehren muß, mit der Freiheit umzugehen, sie muß sie zur Freiheit erziehen. Wenn die Individuen nicht, oder schlecht erzogen worden sind oder aber Reizen ausgesetzt wurden, die sich neutralisieren, dann werden sie unmöglich mit Vernunft wählen können. Man muß lernen, vernünftig sein zu wollen. Niemand kann mir – wie Eric Weil sehr richtig sehr sagte – beweisen, daß ich vernünftig urteilen und wählen soll, doch weil ich mich für die Vernunft entschieden habe, habe ich mich auch für die Freiheit entschieden. Es gibt aber keine Probe dafür, keinen Beweis, und zwar auch nicht in der Form meines Interesses daran. Das einzige, das ich als Beweisgrund angeben kann, ist, daß es die Vernunft ist, die ich der Gewalt entgegenhalte. Das scheint mir die philosophische Situation heute zu sein, und entsprechend macht mir die Tatsache Sorge, daß die Jugend aufgrund der gegenwärtigen gesellschaftlichen Tendenzen vorschnell erwachsen wird und daß die Älteren allzuschnell vergreisen und infantil werden. Sogar die charmanten, unschuldigen Comics scheinen mir z. T. die Jungen vorschnell zu alphabetisieren; die Kinder lernen sehr schnell die Semantik kennen, doch sie gelangen dabei – und das gilt natürlich auch für die Erwachsenen – überhaupt nicht mehr zur Syntax, da es in den Wort-Blasen der Comics keinerlei Syntax gibt; es gibt nur Ausrufe, Interjektionen. Unsere Sprache verändert sich demnach im Kontakt mit all den jetzigen kulturellen Produkten. Ich bin keineswegs für autoritäre Eingriffe, für Verbote oder dergleichen. Es sollte aber irgendwann begriffen werden, daß es Werte gibt, die man fortführen muß, die für die Zukunft bewahrt werden müssen, daß es so etwas gibt wie ein vernunftgeleitetes Verantwortungsgefühl.

Gespräch mit

PAUL VIRILIO

Paul Virilio, woran arbeiten Sie zur Zeit?

Ich bin gerade dabei, ein Buch über die Information zu schreiben, genauer, eine Kritik des Informationsbegriffs. Es geht dabei weniger um die Medieninformation als um das Phänomen der Information im Zeitalter der Informatik, um das allmähliche Verschwinden der Tatsachen im Netz der Informationen. Ich habe auch schon an eine Überschrift wie »Der Untergang der Tatsachen« gedacht. Ich gehe in dieser Untersuchung von klassischen Informationstheorien aus – Shannon usw. – und komme letztlich zum Schluß, daß die Ablösung der Materie bzw. der Energiemasse durch die Information zur Aufhebung der Tatsachen führt. Es gibt natürlich nach wie vor Dinge, die geschehen, es hat bestimmte Tatsachen gegeben, doch all das geht auf in der Information, die es verarbeitet, die die Tatsachen ›verschluckt‹. Es ist nicht leicht, darüber in wenigen Worten etwas zu sagen, da in meinem Buch sehr viel Technisches zur Sprache kommt; ich stelle aber fest, daß es eine Form des Mißbrauchs der Information oder besser eines Mißbrauchs aufgrund der Allgegenwart der Informationsstrukturen gibt und daß die Industrie selbstverständlich das Ihrige dazu beiträgt.

Auch diese Untersuchung betrifft jedenfalls jenes Phänomen, das Sie immer schon am meisten beschäftigt hat: die Geschwindigkeit. Wie kam es eigentlich dazu, daß Sie sich für das Phänomen der Geschwindigkeit interessierten?

Der Krieg! Als Kind – ich wohnte damals in Nantes, in der Bretagne, denn mein Vater war Kommunist, und er hatte es für sicherer befunden, sich aus Paris nach Nantes, zu seinen Schwiegereltern zu begeben – habe ich nämlich den Blitzkrieg erlebt. Damals wurde ich ungeheuer beeindruckt von der Schnelligkeit, mit der der Krieg plötzlich ›da‹ war. Ich war damals 8-9 Jahre alt und ich erinnere mich noch ganz genau, welche Wirkung es auf mich hatte, daß in dem Augenblick, in dem der Rundfunk davon sprach, daß die Deutschen in Paris wären, sie schon durch unsere Straßen in Nantes marschierten. Es gab diesen völlig unheimlichen Eindruck der Simultaneität: gerade noch waren die Truppen in Orléans, gerade noch wurde an der Loire gekämpft und schon waren sie hier bei uns. Ich weiß es noch, als wäre es gestern geschehen: Wir frühstückten gerade, und plötzlich höre ich ein seltsames Geräusch, stürze zum Fenster und höre:»Les boches! Les boches!«, die Deutschen! Die Marsmenschen hätten keinen größeren Eindruck auf mich gemacht, denn wir dachten unmöglich daran, daß sie schon da sein könnten. Ich habe versucht, dieses Erlebnis in meinem Buch *L'insécurité du territoire* zu beschreiben, diesen Eindruck, daß die Entfernungen einfach nicht mehr existierten, daß eine regelrechte ›Verschmutzung‹ oder Trübung der Erfahrung der Distanz und der Zeit stattgefunden hatte, eine Verschmutzung im Zeichen der Technik und der Technologie, die hinzukam zu den anderen Verunreinigungen der Luft, der Erde, der Fauna usw. Alles schien auf einmal zusammengeschrumpft zu sein, und dazu kamen dann die Bombenangriffe. Und inmitten dieser seltsamen Kriegserfahrung und davon ausgehend hatte ich dann die Intuition, daß die Macht nicht mehr so sehr im Material, im schieren Kraftaufwand lag, sondern in der Geschwindigkeit bzw. in der Kombination dieser beiden Faktoren.

Das hat es allerdings immer schon gegeben, seitdem Kriege geführt werden, dieses Zusammenspiel von Material, Masse, Kraft und von Geschwindigkeit?!

Allerdings. Und das zeigt sich bereits besonders schön am Beispiel der Kavallerie. Man kann die gesellschaftliche Entwicklung in historischer Hinsicht unmöglich verstehen, wenn man nicht auf den Faktor Geschwindigkeit achtet. Die Kavallerie, die Marine, das Nachrichtenwesen – all das hat seit der Antike mit der Möglichkeit zu tun, möglichst schnell ans Ziel zu kommen, möglichst schnell Informationen auszutauschen. Heute geht es nicht mehr um die Geschwindigkeit des Pferdes, der Brieftaube, der Eisenbahn oder eines Schiffes, sondern um die absolute Geschwindigkeit der Wellen. Während des Zweiten Weltkriegs hatte ich in Nantes wie gesagt diese Grundintuition, und der Blitzkrieg hatte tatsächlich etwas ›Futuristisches‹ an sich (der Ausdruck selbst verweist auf Marinetti); man kann m. E. die Invasion Frankreichs und die Besetzung Europas durch die Deutschen nicht vom Futurismus trennen: der Faschismus hat seine historischen Grundlagen und Traditionen z. T. im Futurismus; die futuristische Ideologie, die sich z. B. im Kult der Luftfahrt, des Flugzeugs zeigte, hat auf den Faschismus gewirkt. Ich selbst besitze eine Sammlung solcher futuristisch-faschistischer Literatur der Epoche, ich denke z.b. an einen Titel wie »Die fliegende Nation«! Die gleiche Begeisterung für das Flugwesen hat es aber auch im Rußland dieser Zeit gegeben; auch dort der Kult der Fallschirmspringer und der Piloten, die die neue Welt erobern. Dies alles enthielt eine Art Versprechen, nicht mehr an der Erde haften zu müssen, und die Futuristen haben dies sehr klar ausgedrückt und weiterentwickelt.

Die Futuristen sangen Hymnen auf die neue kriegerische Zeit mit den strahlenden Flugzeugen, den Motoren und den Piloten. Sie selbst, Paul Virilio, wurden aber nie von diesem Aspekt der Geschwindigkeit, von der Ästhetik der Geschwindigkeit verführt, sondern haben ganz im Gegenteil stets auf die Gefahren geblickt?

Die Geschwindigkeit hat mich nie an sich fasziniert – und ich habe dies bereits oft gesagt. Sie ist aber ein ganz außerodentlicher Meßfaktor, ein Index unserer gesellschaftlichen Entwicklungen in der Geschichte. Der ›Dromologe‹ – der Geschwindigkeitsforscher – muß gleichsam die politische Ökonomie der Geschwindigkeit untersuchen und sich nicht einfach mit den traditionellen quantitativen ökonomischen Faktoren wie Reichtum begnügen. Meine eigene Perspektive als Dromologe ist stets eine kritische, eine negative, und die Titel meiner Bücher zeigen dies überdeutlich: »Der kritische Raum«, »Der negative Horizont«, »Die Unsicherheit des Territoriums« usw. – stets negative Bestimmungen, die das Gewaltsame an der Geschwindigkeit wiedergeben sollen, die unheimliche Wirkung der Auflösung und der Zerstörung, den die Geschwindigkeit auf die Dinge und die Räume ausüben kann. Die Geschwindigkeit entwirklicht die Welt, entweltet, wenn man das so sagen kann. Ich selbst war nie ein Adept der Geschwindigkeit und habe ihre Wirkungen immer mit Besorgnis verfolgt. Es gibt übrigens, wie ich denke, zwei grundlegende Einstellungen, um die technisch-technologischen Entwicklungen zu beurteilen: die thaumaturgische und die dramaturgische. Man kann sich an den Wundern der Technik entzücken, an all den Errungenschaften und Rekorden, am ›immer höher‹, ›immer schneller‹, oder aber man hat eine dramaturgische Vision und interessiert sich für den Unfall, die Katastrophe, für die negativen Effekte. Ich pflege immer zu sagen: Mit der Erfindung der Eisenbahn hat man zugleich das Bahnunglück erfunden, mit dem Flugzeug hat man zugleich das Flugzeugunglück eingeführt! Mich interessiert stets dieser negative Aspekt, nicht um dabei den Gegenstand zu negieren, sondern um ihn auf diese Weise besser analysieren und begreifen zu können. Vor allem in der Geschichte des Bahnwesens ist diese Verbindung zwischen der Entwicklung der Technik und der Notwendigkeit, diese mittels weiterer technischer Eingriffe zu beherrschen, äußerst lehrreich. Im 19. Jahrhundert gab es eine Gruppe von Ingenieuren, die in Brüssel zusammenkamen, um das sogenannte ›Blockiersystem‹ zu entwickeln, das System, das es möglich machte, den Eisenbahnverkehr überhaupt in seiner wachsenden Vernetzung zu regeln. Das Weichen-, das Signalsystem usw. – dieser ausgeklügelte Komplex hat erst zur Verbreitung des Eisenbahnnetzes geführt und keineswegs die rein technischen Errungenschaften wie schnellere Loks und dergleichen. Mein Interesse gilt in erster Linie den Blockiersystemen, und ich will eines Tages auch noch ein Buch mit dieser Überschrift schreiben. Sogar den Ausdruck Blockiersystem finde ich faszinierend, und an allen technologischen Erscheinungen zieht mich dieser Aspekt der Kontrolle in der Zeit an. Das Blockiersystem beschränkt die Mittel, um ihnen im System umfassendere

Möglichkeiten zu bieten. Der TGV, die allerschnellste Lok überhaupt, ist sehr viel weniger wichtig als ein Blockiersystem; worauf
es nämlich ankommt, ist die Regelung des Informationsflusses, die
Kontrolle der Bewegungen in der Zeit, die ›Intelligenz‹ des Weges
und damit die Sicherheit des Ganzen.

Es handelt sich um ein ganz aktuelles Problem, dem heutzutage viel Aufmerksamkeit gewidmet wird!

Durchaus, z. B. in der Trajektographie, in der Wissenschaft, die sich
mit den Bahnen, Wegen, Kanälen oder Sequenzen befaßt. Ich möchte aber noch einmal zur Geschwindigkeit zurückkehren, die ja nichts
anderes ist als das Wesen des Weges (der Bahn) selbst.

Wie hat sich die Geschwindigkeit eigentlich im Laufe der Menschheitsgeschichte entwickelt? Könnten Sie die wichtigsten Momente zu skizzieren
versuchen?

Die erste wichtige Etappe hängt mit der Dressur zusammen, mit der
erfolgreichen Kontrolle des Tieres; die Geschwindigkeit ist also
zunächst jene des Satteltieres – das Tier ist nicht mehr nur Zugtier,
sondern Satteltier –, ein Tier, das nicht mehr nur trägt, sondern ein
›Motor‹ ist. Wie ich im ersten Kapitel meines Buches *Der negative
Horizont* sage, interessiere ich mich sehr für die lokomotorischen
Eigenschaften des tierischen Körpers, sei es des Körpers des Pferdes,
jenes des Reiters oder der Kombination der beiden. Es gibt für mich
tatsächlich so etwas wie eine heroische Dimension des Reiters, die
an diese lokomotorische Fähigkeit gebunden ist, an das Können des
Reiters, der sein Tier nicht mehr verzehrt, sondern sich der Geschwindigkeit bedient. »Ein Königreich für ein Pferd!« – dieser
Ausspruch ist keineswegs zufällig. Das ist die erste Etappe, die
Zähmung des Tieres, die Benutzung des Pferdes und damit zusammenhängend die Kontrolle des Territoriums: derjenige, der das Territorium am schnellsten durchquert, wird es besitzen und beherr-

schen. Der Nomade erobert das Territorium! Der Reiter wird zum Herrscher und nicht der Landmann, nicht der seßhafte Bauer! Der Landmann wird zum Vasallen und zum Sklaven des Ritters, und dieses Herr-und-Knecht-Verhältnis, das an die Geschwindigkeit gebunden ist, gilt bis heute: derjenige, der die absolute Geschwindigkeit meistert, meistert auch alle anderen, kontrolliert seine Mitmenschen. Es gibt eine Hierarchie der Geschwindigkeiten, die sich in der Geschichte stets unmittelbar ausgewirkt hat, etwa als nautischer Faktor im alten Griechenland, als maritime Kontrolle über das Mittelmeer (man kann das alles bei Braudel nachlesen), von der Entdeckung Amerikas ganz zu schweigen. Es ist gut, immer wieder zurückzudenken an die erste Form der Benutzung der Geschwindigkeit, die mit der Zähmung des Körpers zusammenhängt. Heute gilt z. B. meine Aufmerksamkeit dem Phänomen des Tanzes, denn ich sehe den Tänzer und die Tänzerin in dieser Linie: den Körper umzuwandeln in ein energetisches Mittel, in einen Motor. Ich kenne fast alle bekannten Pariser Tänzer und Tänzerinnen und verfolge deren Aufführungen, denn es sind im Grunde genommen keine Frauen und auch keine Männer, sondern Pferde. Der Körper des Tänzers ist nichts anderes als die unter Kontrolle gebrachte, meisterhaft beherrschte Geschwindigkeit. Ich habe mit René Thom zusammen einen Text zu diesem Thema geschrieben, »Danse tracée«, in dem wir uns mit der Relation von Schwerkraft und Tanz, mit dem Problem des (freien) Falls beschäftigen.
Die zweite Etappe in der Geschichte der Geschwindigkeit hängt mit der Botschaft, mit dem Signal zusammen, das ganze Phänomen der Rauchzeichen, der optischen Signale usw. Die Geburt der Information als Signal, das Signal, das mehr ist als nur eine einfache Botschaft, die Geburt des Nachrichtenwesens. Ich denke dabei z.B. an bestimmte Aspekte, die bereits in der Antike wichtig waren: Aeneas, der Taktiker, der den Krieg als eine Organisationsaufgabe von Signalen begreift; bevor er das Territorium nach Verteidigungsmaßstäben organisiert, denkt er an die Signale. Und Entsprechendes geschieht in der Marine, wo es stets darum geht, die ideale Route zu finden,

wo es zum Wettkampf der Routen kommt. Der effizientere Weg gewinnt und schaltet alle anderen Routen aus! Die Weltgeschichte ist nichts anderes als die sukzessive Ausschaltung der schwächeren Kräfte im Zeichen der siegenden Geschwindigkeit: Es gibt heute keine Pferde mehr in den Straßen, doch es hat sie niemand physisch aus den Straßen vertrieben, sondern die Geschwindigkeit hat sie einfach ausgeschaltet. Und auch die Autos sind fast schon verschwunden, ich sehe sie gar nicht mehr, sie sind schon tot, genau wie die Pferde. Die Geschwindigkeit ist nicht mehr jene der Automobile, jene relative der Pferde, Elektromobile und Flugzeuge, sondern die absolute Geschwindigkeit. Wir gehören der ersten Generation an, die nicht mehr die traditionelle relative Geschwindigkeit kennt, sondern die absolute, die Lichtgeschwindigkeit. Es handelt sich hierbei um eine ganz und gar tragische Entwicklung, bei der die Welt allmählich in Nichts aufgelöst wird; das Verschwinden der Distanzen wird in zwei, drei Generationen zu einem entsetzlichen Gefühl des Eingesperrtseins führen, zu einer Enge, aus der es kein Entkommen mehr geben wird. Das Verschwinden der Tatsachen angesichts des Informationsflusses, angesichts der Live-Übertragung, von dem wir anfänglich gesprochen haben, hängt damit zusammen. Die Dauer und die Ausdehnung der Welt, der Raum und die Zeit sind dabei, zu Nichts zusammenzuschrumpfen.

Wir haben demnach einen sehr hohen Preis auszurichten für unsere modernen ›Errungenschaften‹?!

Einen extrem hohen Preis! Es genügt daran zu denken, daß der Atlantik nicht mehr existiert, man durchquert ihn einfach mit einem Ruderboot. Auch die großen Linienschiffe sind verschwunden, und morgen wird es schon keine Flugzeuge mehr geben. Das ist nicht die Logik des Fortschritts, sondern jene des kleinstmöglichen Kraftaufwandes. Als Körper ist der Mensch der Schwerkraft ausgesetzt, und es gibt damit zusammenhängend eine Art Gesetz des kleinsten Kraftaufwandes, das bewirkt, daß ein jeder den Aufzug benutzen wird, wenn es Treppen und einen Aufzug gibt, und zwar völlig unabhängig von soziokulturellen Faktoren. Wenn es morgen statt Lifts Propulsoren geben wird, die uns hochheben, oder andere Mittel, dann werden wir uns eben immer weniger fortbewegen. Schon heute gibt es Möglichkeiten, sich virtuell aus der Ferne zu berühren, und so werden wir immer immobiler. Als Lebewesen, die der Gravitationskraft gehorchen und Energie aufwenden müssen, um etwas zu tun, können wir jede Innovation, die Kraft spart, nur begrüßen; die heutigen Technologien haben es sämtlich mit der Einsparung von Kraft und von Energie zu tun. Der Endpunkt ist der vollständige Stillstand, und ich fühle, wie wir uns diesem pathologischen Zustand absoluter Immobilität nähern, der immer fühlbarer ist.

Diese Dialektik von Geschwindigkeit und Stillstand hat Sie immer schon beschäftigt; so gesehen erscheint es auch weniger paradox, wenn man daran denkt, daß Sie als Dromologe, als Diagnostiker der Geschwindigkeit, zunächst einmal vor allem die völlig immobilen, starren architektonischen Denkmäler der Bunker untersucht haben; daß Sie als Architekt und Architekturhistoriker, der sich mit stillstehenden Gegenständen befaßt, vor allem die Geschwindigkeit thematisieren, um schließlich bei dieser Diagnose einer globalen Erstarrung zu landen?!

Wir befinden uns schon in dieser letzten Phase der Beengung und der Immobilität, und das Gefühl des Eingesperrtseins ist heute ein greifbares. Es genügt hier, an die Rolle der Drogen als Realitätsersatz zu denken, an die chemischen Drogen, die heute entwickelt werden. Wir durchqueren unsere Welt nicht mehr, wir erfahren sie nicht mehr im Gehen; der Weg, die Route selbst ist verschwunden. Früher bestand jede Reise aus drei unterschiedlichen Etappen: die Abreise, die eigentliche Reise und die Ankunft. Mit der Eisenbahn und vor allem mit dem Flugzeug ist die Reise immer mehr von der Ankunft, vom Vorgefühl des Ankommens verdrängt worden, um schließlich ganz damit zusammenzufallen. Zwischen Abreise und Ankunft schläft man heute nur noch, es handelt sich nur um ›verlorene Zeit‹, man schaut einen Film an, fängt etwas mit der Zeit an usw. Mit den neuen Informationsmitteln ist die Abreise fast ganz verschwunden, und wir leben in der Perspektive einer generalisierten Ankunftserwartung. Einst war die Ankunft eine relative, sie war von der Dauer der eigentlichen Reise abhängig, von den Hindernissen, Schwierigkeiten, Überraschungen. Früher gab es ein Reisetagebuch, eine Suche; es gab den Roman, den Lebensroman als Reise; es gab Stendhal, der sagte, daß der Roman ein Spiegel sei, der sich auf einer großen Straße entlangbewegte, und das heißt, es gab diese drei Anhaltspunkte: Abreise, Reise, Ankunft. Im Zeichen des Stillstands, der für unsere Epoche kennzeichnend ist, ist der Mensch wie absorbiert; alles geschieht, ohne daß es nötig wäre, sich zu bewegen, sich irgendwohin zu begeben. Physisch muß man sich im Zeitalter des Autos sowieso schon nicht bewegen, und bald muß man auch nicht mehr hinaus, sondern bekommt die ganze Realität ins Haus geliefert. Diese allgemeine Bewegungslosigkeit ist synonym mit dem Verschwinden der Welt in ihrer Weite und in ihrer Dauer, als Feld der Erfahrungen.

Wie wird heute auf diese ungeheur dramatischen Veränderungen des Lebens und des Lebensgefühls reagiert? Muß es angesichts solcher Phänomene nicht zu ganz massiven nostalgischen Tendenzen kommen, zu Versuchen, sich die Welt wieder – als Zeit und als Raum – anzueignen?

Das auffälligste Kennzeichen dieses Unbehagens ist die ökologische Bewegung, dieses Gefühl, daß die Welt fragil ist und daß sie untergehen könnte. Man kann die grüne Bewegung nicht begreifen, wenn man sich nicht diesen Verlust der Welt vor Augen hält. Genauso wie es eine Verschmutzung der Erde gibt, gibt es auch eine Verschmutzung, eine Trübung des Bewußtseins von der Ausdehnung der Welt, von der Dimension der Welt. Die Grünen, die grüne Bewegung sind für mich die Vorläufer einer anderen, der grauen Ökologie, nicht mehr die Ökologie der Substanzen, sondern der Distanzen, die

Ökologie einer zusammengeschrumpften Welt. Deswegen beschäftige ich mich auch gegenwärtig mit dem Spätwerk Husserls, mit seinen nachgelassenen Aufzeichnungen zum Begriff der Lebenswelt. Husserl hat in den dreißiger Jahren, zu der Zeit also, als man anfing, Raketen zu bauen, die Eroberung des (Welt-)Raums kritisiert. Er sagt ganz zu Recht, daß es außerhalb der Welt im Grunde keinen Raum gibt, daß es kein Maß, kein Vorher und kein Nachher, keine Höhe und keine Tiefe gibt. Es gibt in dem, was wir Weltraum nennen, eine zeitliche Tiefendimension; und entsprechend schreiben heute einige Astrophysiker, Mathematiker und Physiker über die Inertie der Zeit. Die Zeit ist eine Materie, und diese Inertie ist vielleicht einer der Gründe der berühmten ›versteckten Masse‹; diese abwesende Materie wäre also nichts anderes als die Zeitmaterie, die kosmische Zeit.

Wie hat die zeitgenössische Ästhetik und die Kunst selbst auf diese Veränderungen reagiert?

Die Antwort darauf ist die Ästhetik des Verschwindens, der Auflösung. Bis zum Aufkommen der Photographie folgte man einer Ästhetik des Erscheinens: Die Dinge kamen auf einem materiellen Träger zum Vorschein, das Bild auf der Leinwand, die Skulptur im Marmor usw. Es gab demnach eine Art ›Apparition‹ des ästhetischen Gegenstandes, insofern die Figur stets von einem Substrat her kam. Ich habe selber gemalt und kenne dieses Phänomen aus eigener Erfahrung: Die Dinge tauchen aus der Tiefe auf, man wählt die Farben und trägt sie auf, und das Ganze ist abgeschlossen. Die traditionelle Ästhetik fußt im Substrat, im Angewiesensein auf den materiellen Träger. Mit dem Aufkommen des Fotos, vor allem des Sofortbildes, das das Photogramm, den Film, die Sequenzierung usw. ermöglichte, wandelte sich die Ästhetik des Erscheinens zu einer Ästhetik des Verschwindens: nur noch das Kognitive bleibt bestehen, während der Träger wegfällt. Mit Nièpce und Daguerre, Muybridge und Lumière sind wir von einer Ästhetik des erscheinenden, materiellen Kunstgegenstandes schrittweise übergegangen zu einer Ästhetik des Virtuellen. Von hier aus wäre eigentlich die ganze Kunstgeschichte neu zu bedenken: der Impressionismus und die Bedeutung des Seriellen bei Monet und Cézanne, der Pointillismus eines Seurat, der Kubismus usw. Mit diesem Paradigmenwechsel – weg von der Ästhetik des Erscheinens, hin zur Ästhetik des Verschwindens – hat man ein brauchbares Instrument an der Hand, die ganze neuere Kunstgeschichte zu deuten, und das gilt selbstverständlich erst recht für aktuelle Kunstmittel wie Video, Infographie oder Cyberspace. Im Verschwinden des Gegenstandes erscheint etwas Neues, ein ganz neuer, virtueller Zusammenhang. Es ist hier aber wichtig zu sehen, daß nicht die Ästhetik selbst verschwindet, sondern der Gegenstand: die Ästhetik des Verschwindens ist nach wie vor eine Ästhetik, nur eben eine andere Ästhetik! Ich gehe immer wieder gerne von einer einfachen Reflexion über den Baum aus: Welcher Baum ist eigentlich der wirkliche, der wahre Baum? Der Baum, den man fixiert und dessen einzelne Blätter man ganz scharf erfassen kann, dessen allerfeinste Abschattungen man erblickt? Oder ist es der unscharfe Baum, der vorbeifliegt, wenn man ihn von einem Zugfenster aus beobachtet? Dromoskopisch betrachtet, d. h. vom Gesichtspunkt der Geschwindigkeit aus gesehen, ist der von einem bewegten Standpunkt aus gesehene Baum nicht weniger Baum als der zentrierte Gegenstand. Das Unscharfe ist nie nur das Unscharfe, sondern immer von der Logik der Korrelation von Geschwindigkeit und Perzeption her zu deuten; das, was wir unscharf nennen, befindet sich einfach in einem anderen Geschwindigkeits-Zustand. Das stillstehende Bild der Malerei oder des Fernsehens ist eine Abstraktion, ein Opfern der Geschwindigkeit. Die neuen ästhetischen Mittel ermöglichen es aber, diesen Aspekt der Geschwindigkeit zu bewahren, und mich faszinieren diese Möglichkeiten. Ich wollte sogar einen Film darüber machen, mit Zoomaufnahmen, um die Materie in Bewegung zu sehen, doch das ist leider nicht zustande gekommen. Wenn ich also für die Ästhetik des Verschwindens eintrete, meine ich damit auch eine dromoskopische Ästhetik, eine

Ästhetik des Wettlaufs, der Bewegung. Bewegung kennzeichnet aber jeden Gegenstand im Universum: nichts ist fix und starr, alles bewegt sich. Wir selbst, die wir an einem Cafétisch sitzen, bewegen uns in diesem Augenblick mit der Erde. Derjenige, der diese Veränderungen sehr klar begriffen hat, war Rodin, und man sieht es auch seinen Zeichnungen an, die ich selbst den Skulpturen fast vorziehe; es handelt sich nämlich um kinematische Zeichnungen, und zwar in einer authentischeren Weise als bei Matisse. In dieser Traditionslinie würde ich dann auch Giacometti sehen, der auch ein Künstler der Auflösung ist, des Verschwindens des Körpers in die Starre. Ich kannte Giacometti gut, denn er wohnte hier in diesem Viertel, in dem ich selbst seit langer Zeit lebe. Ich liebe dieses Viertel, in dem ich Leute wie Giacometti, Sartre oder Beckett treffen konnte. Giacometti sagte ganz explizit, daß er versuche dasjenige darzustellen, was verschwindet, und sein Werk zeigt es auch ganz deutlich. Die Ästhetik des Verschwindens ist also keineswegs mit der Leere zu verwechseln, doch kennt sie grundlegend neue Parameter.

Verfolgen Sie selbst auch die Diversifikation der allerneuesten Kunstmittel, die technischen Neuerungen?

Ja, was mich zur Zeit gerade beschäftigt, sind die Videoinstallationen und der Tanz; zum einen der menschliche Körper, die Untersuchung des energetischen, dynamischen Körpers, zum anderen die Videokunst und die Versuche im Bereich der virtuellen Realität. Dan Graham, Bill Viola und viele andere Künstler verfolge ich mit regem Interesse, und ich bin der Ansicht, daß es in diesen Videoarbeiten eine philosophische Dimension gibt, genauso wie seinerzeit Cézannes Bilder eine solche Dimension besaßen. Die neuen Seurat, Cézanne und Van Gogh sind heute in der Video-Art zu suchen, das glaube ich ganz gewiß. Die traditionelle Malerei ist für mich gestorben, man muß einfach nach den neuen Ausdrucksformen Ausschau halten. Das schmerzt mich natürlich, da ich immer eine Liebe für die Malerei gehabt habe, doch sehe ich auf diesem Felde nichts Interessantes.

Und die Literatur? Wie kann sie auf diese Veränderungen reagieren?

Das Schriftliche gegen den Bildschirm, die Schrift, die gegenüber dem Fernsehschirm Stellung nimmt – das ist mein Slogan! Gerade in diesem Zeitalter des Fernsehens und der Informatik kommt alles darauf an, das Schriftliche neu zu erfinden. Mir scheint, daß die Demokratie immer schon mit einer bestimmten Schriftkultur zusammenhängt, mit dem gedruckten Wort, und deswegen kann ich auch die Verbreitung des Telefax nur begrüßen. Der Fax müßte zur Waffe der neuen Schriftmenschen werden. Europa war ja das Europa der Kopisten, jener, die die Schrift beherrschten, Leute, die sich ständig schrieben, und diese Tradition muß erneuert werden, wenn nicht, dann geht alles flöten, ich bin mir dessen ganz sicher. Es geht nicht darum, Rechnungen oder Notizen durch die Welt zu jagen, sondern Briefe, wirkliche Briefe. Ich siebe übrigens stets meine Post aus und konzentriere mich immer auf die wirklichen Briefe, das ist das Entscheidende.

Haben Sie selbst ein Telefax zuhause?

Ja, doch habe ich es nicht immer angeschlossen, da ich Angst habe, mit allerlei Notizen überschwemmt zu werden.

Wir haben bis jetzt hauptsächlich über die Reaktionen der kulturellen Welt auf die aktuellen Veränderungen unserer technologischen Gesellschaft gesprochen. Wie agieren eigentlich die Politiker auf diese Informationsgesellschaft?

Es gäbe so viel darüber zu sagen! Die Information ist heute zur Waffe, zum Waffensystem geworden. Zur Zeit Eisenhowers gab es eine massive Militarisierung der Industrie, dann, in den sechziger und siebziger Jahren, eine Militarisierung der Wissenschaften, mit dem Vietnam-Krieg und dem ›Krieg der Sterne‹, und entsprechend gibt es jetzt, seit dem Wegfallen der Bedrohung durch den Osten, eine Militarisierung der Information. Es gibt heute einen militärisch-informatisch-medienorientierten Interessenkomplex, und der Golf-Krieg hat dies sehr deutlich gemacht. Ich selbst habe das in meinem Buch *L'écran du désert* untersucht und hatte eigentlich schon früher, in *Logistique de la perception* vorausgesagt, daß der Ort des nächsten Krieges der Bildschirm wäre, daß das Fernsehen zum eigentlichen Schlachtfeld werden würde. Und das haben wir ja dann mit CNN erlebt, mit den ganzen Journalisten-Pools in der Golfregion. Ich sehe in dieser Tyrannei des Bildes, in der Herrschaft der Direktübertragung, im Live-Fernsehen eine ernsthafte Bedrohung der Demokratie. 1993 ist übrigens, und das ist bezeichnend, das Jahr der Geburt des military channel, eines Senders, der rund um die Uhr militärische Informationen des Pentagon überträgt; es gibt jetzt also eine militärische Version von CNN, mit Daten über die verschiedenen Waffensysteme, über Treibstoffe, Strategien usw.

Kommt es aber zu einem solchen Phänomen nicht gerade zu einem Zeitpunkt, wo das Militärwesen im traditionellen Sinne verschwunden ist?

Selbstverständlich, denn die Macht, auch die militärische Macht, liegt heute in der Information selbst. Nicht die CIA oder der FBI haben wirklich die Macht, sondern die National Security Agency; von dort aus werden alle Satelliten und Nachrichtensysteme kontrolliert. Die Macht liegt heute eindeutig bei jenen, die über die wichtigsten Daten in realer Zeit verfügen können. Demokratie heißt aber, teilen, mitteilen zu können, bedeutet, Informationen auszutauschen, und nicht, sie von einer Stelle her allein zu kontrollieren. Es kommt in der Demokratie auf die Zeit an, darauf, daß man genug Zeit hat, Meinungen auszutauschen, zu diskutieren, bevor man wählen geht. In den USA ist man aber bereits unterwegs zur ›kathodischen‹ Demokratie: man wird über den Fernsehschirm informiert und wählt, mit der persönlichen Magnetkarte ausgestattet, vom Bildschirm aus. Diese Tendenz ist äußerst besorgniserregend, und die neuen Technologien wirken in diesem Kontext nicht befreiend, sondern tragen, ganz im Gegenteil, zur Schwächung der Demokratie bei.

Was kann die Demokratie tun, um hier gegenzuwirken?

Ich kann mich nur wiederholen: das Schriftliche, die Schrift gegen den Bildschirm! In der Epoche der realen Zeit, der Tyrannei der Direktübertragung kommt es manchmal darauf an, den Stecker herauszuziehen, den Strom abzuschalten. Genau das hat man aber an den europäischen Börsen gemacht, die so informatisiert wurden, daß nun die Daten in realer Zeit übertragen werden; sobald es zu den Kurzschlüssen kam, die vorprogrammiert waren, blieb nichts übrig, als das ganze System abzuschalten. Das müssen wir nachahmen: auf die Datenbanken, Satelliten usw. verzichten und zum Schrift- und Pressewesen zurückzukehren. Es kommt darauf an, Blockiersysteme zu entwickeln, die die Pannen des Informationswesens regeln.

Es ist aber nicht leicht, den richtigen Zeitpunkt abzupassen, um Großsysteme des Typs Börse einfach abzuschalten!

Das stimmt, doch kann man die Entgleisungen voraussagen. Die Unfallforschung macht ja nichts anderes: die Unfälle vorauszusagen, und das ist im Bereich der Börse bereits geschehen; man hat neue Kontrollmechanismen gefunden. Für die Informationsübertragung im herkömmlichen Sinne, für die TV-Programme ist dies alles schwieriger; es bedarf nämlich einer politischen Entscheidung, um hier die passenden Blockiersysteme einzuführen. Es geht hier nicht einfach um gute oder schlechte, um unseriöse Journalisten, um Zensur und Nachrichtenmanipulation – das hat es immer schon gegeben –, sondern darum, daß die Technik selbst pervers ist und deswegen blockiert werden muß. Eine der wichtigsten Zukunftsaufgaben der Demokratie ist m. E., ein solches Blockiersystem der Informationen zu entwickeln. ARTE hat eine dreistündige Sendung über die Demokratie und die Medien ausgestrahlt, in der ich über diese Probleme spreche.

Wenn man Sie so sprechen hört, muß man folgern, daß Ihre Vision unserer Epoche eine pessimistische ist?

Kurzfristig sicherlich, doch nicht auf eine längere Sicht hin. Man stempelt mich manchmal zum Apokalyptiker – was ich ganz und gar nicht bin. Ich bin besorgt, weil die Politiker dies alles völlig verschlafen haben, weil sie sich noch in einem anderen Jahrhundert bewegen. Es wird einem Angst und Bange angesichts der Ignoranz unserer Politiker, was diese Gefahren der heutigen Technologien angeht. Die politische Klasse hat durchaus eine schöngeistige Kultur, doch fehlt es ihr fast völlig an der notwendigen wissenschaftlichen Kultur. Die beiden gehören zusammen, fingen aber im 18. Jahrhundert an, getrennte Wege zu gehen. Ich finde das unverzeihlich, und das erklärt auch, weswegen es heutzutage einen solchen himmelschreienden Graben gibt zwischen der politischen Intelligenz einerseits – und dies welcher Provenienz und welcher Ausrichtung auch immer – und der Welt der Technik, der Geschwindigkeit, der Kriegswissenschaft usw. andererseits.

Wer wird hier vermitteln können? Erneut die neuen Schriftgelehrten?

Ich nehme es an, denn ich sehe einfach keine andere Alternative. Das Schriftliche ist ja nicht bloß ein Übertragungsmittel, die bloße Spur einer Botschaft, die man vermitteln möchte, sondern ein Instrument des Verstehens selbst. Ich schreibe persönlich noch mit der Hand und nicht mit der Maschine, ich zeichne gleichsam meine Briefe, und ich muß schreiben, um zu verstehen. Dieser Aspekt der Schrift ist einfach unersetzlich: Ich weiß, daß ich am besten über etwas denke, wenn ich eine Feder in der Hand halte. Ich unterrichte seit über 25 Jahren und bereite trotzdem alle meine Vorlesungen handschriftlich vor. Die Gewalt, die uns heute überall umgibt, diese neue Gewaltsamkeit in den Vorstädten, hängt m.E. direkt mit dem Verlust der Schrift zusammen, mit dem zunehmenden Analphabetismus.

Verstehen Sie sich eigentlich selbst als Intellektueller, als eine Art Vermittler zwischen der politischen Klasse, die für die neuesten Entwicklungen blind ist, und den Wissenschaften?

Ich weiß nicht, ob ich das persönlich leisten kann. Generell herrscht aber heute sicherlich ein Mangel an Vermittlung angesichts des beträchtlichen Verfalls der Rolle des Intellektuellen in unserer Gesellschaft. Das hängt sicherlich mit den Medien zusammen und der Art Informationen, die in ihnen ausgestrahlt werden. Stirbt irgendein Sänger oder ein TV-Star, gibt es sofort ein Staatsbegräbnis; beim Tod von Foucault, Guattari oder eines anderen Intellektuellen wird einem aber sofort deutlich gemacht, daß dies nicht sehr wichtig ist. Die Intellektuellen haben gegenwärtig nur noch sehr wenig Einfluß auf die Politik. Obwohl ich generell nicht viel für Eliten übrig habe, glaube ich, daß das Verschwinden der Intellektuellen für die Gesellschaft eine Tragödie darstellt. Das Denken selbst steht heute nicht sehr hoch im Kurs: die Bilder haben den Sieg davongetragen. Und gerade deswegen fühle ich mich herausgefordert, ein Buch zur Kritik der Information zu schreiben, weil dieser Zustand inakzeptabel ist, weil der Untergang und die Verwischung der Tatsachen, die Krise des Ereignisbegriffes uns aufrütteln müssen; all das geschieht zugunsten eines absolut gewordenen Bildes, das all das, was es zeigt, im Grunde immer schon ausscheidet. Auch das gehört in die Sphäre der Ästhetik des Verschwindens: das Bild ist wichtiger als der Gegenstand, dessen Repräsentation es eigentlich ist. Längerfristig wird aber dadurch das Bild selbst zum absoluten Gegenstand, absorbiert die Tyrannei der Bilder alle Gegenstände.

Wie im Fernsehen, wo die Kameras während der Tagesschau andere Kameras zeigen, die den gleichen Gegenstand darstellen...

... genau. Und ich habe auch eigentlich vor, einen Film über diese Sachen zu drehen, wobei die Instrumente als Schauspieler agieren sollen. In Japan gibt es Marionettenspiele, bei denen jemand die Marionette bewegt, doch man bleibt stets auf die Puppenfigur fixiert; der Mann im Hintergrund ist ganz schwarz, ein unsichtbarer Schatten, es gibt ihn eigentlich gar nicht. Ich möchte mit den technischen Mitteln der Filmkunst Ähnliches machen: die Spots, die Titelmaschine, die Kamera, die Filter usw. – ich würde sie alle selbst auftreten lassen. Ich habe leider noch nicht den richtigen Filmemacher gefunden, der eine so verrückte Idee realisieren würde, doch gebe ich die Hoffnung nicht auf.

Sie sprachen öfters vom Unterricht, den Sie geben. Was geschieht in Ihren Vorlesungen und Seminaren? Welche Themen beschäftigen Sie?

Mein Unterricht betrifft mehr die Urbanistik als die Architektur, und vor allem die Relation der Urbanistik und der Architektur mit der Technik: die Probleme der Vernetzung, des Daten- und Informationsflusses, all das, was ich unter der Rubrik ›Urbanisation der realen Zeit‹ fassen würde. Ich interessiere mich immer schon sehr viel mehr für die Wege und Distanzen als für die Gegenstände selbst. Zur Zeit arbeiten meine Studenten z. B. an neuen urbanen Kleinräumen, an einer Art Überlebenskits: genauso wie es Telephonzellen gibt, sollte es auch Kleinräume geben für diejenigen, die Obdachlosen funktionale Zellen inmitten unsere Städte. Es geht bei diesem Projekt um die Zirkulation des bewohnbaren Raumes; wir haben inzwischen unsere Städte mit festen Wohnräumen, mit Häusern versehen, jetzt kommt es aber darauf an, in der Stadt selbst bewohnbare Punkte einzuführen.

Kann man auch die ›Dromologie‹, Ihre eigene Wissenschaft, unterrichten?

Selbstverständlich, und ich tue es ja auch seit vier Jahren am Collège International de Philosophie – Derrida bat mich damals darum, und ich will noch zwei Jahre weitermachen –, doch die Dromologie ist mehr als nur ein Unterrichtsfach. Ich versuche nämlich, so etwas wie die Bedingungen der Möglichkeit der Dromologie zu schaffen; zur Zeit geht es mir wirklich um den praktischen Aspekt, und den Traktat über die Dromologie, zu dem ich sehr viel Material gesammelt habe – er ist eigentlich bereits ganz fertig –, werde ich zwar sicherlich auch eines Tages schreiben, doch jetzt gibt es andere Schwerpunkte. Was mich mehr interessiert, ist der Weg, der dorthin führt. Ich habe vielleicht auch Angst vor diesem Werk, denn es würde eine Art Testament darstellen, und ich bin noch nicht so weit, Testamente zu schreiben.

Wovon haben Sie eigentlich, von einer ›dromologischen‹ Warte aus betrachtet, noch nicht gehandelt?

Von der Perspektive. Ich plane für die *Editions du Seuil* ein Buch über die Perspektive (Perspektivik) der reellen Zeit, d. h. über die elektro-optische Perspektive. Es gibt heute zweierlei Art Optik: einerseits eine passive Optik der Brille, der Transparenz der Luft, eine an die Geometrie gebundene Optik, eine geometrische Optik des Lichtstrahles, eine traditionelle Disziplin, mit der Brille, mit Galileis Teleskop, dem Mikroskop usw., und andererseits dann die Elektrooptik als eine Optik der Wellen, die im Augenblick selbst Signale senden, die aktive Optik, die Wellenoptik. Der ersteren entspricht die traditionelle Perspektive des Quattrocento, die Perspektive des realen Raumes mit seinen Strahlen, Fluchtlinien usw., der letzteren hingegen eine ganz neue Topologie von Sender und Empfänger, eine Optik des Rahmens und des Zooms. Diese beiden Optiken, die kleine passive und die große elektronische, wirken zusammen, und in dem neuen Buch, das ich diesem Gegenstand widme, nehme ich frühere Gedanken aus *Logistique de la perception* und *La machine de vision* auf. Auch der Lichtbegriff ist selbstverständlich von diesen beiden Optiken mit betroffen, und so versuche ich auch zu zeigen, daß es im Grunde zwei Arten Licht gibt: nicht einfach das natürliche und das künstliche Licht, denn die Sonne und die Lichtquelle im Hause, die Glühbirne, sind gleichermassen direkte Lichtquellen; was mich interessiert, ist das indirekte Licht, das Licht der Video-Überwachung. Es handelt sich um ein Licht, das mittels eines Bildes indirekt auf die Gegenstände fällt, und dies in realer Zeit; es gibt m.a.W. so etwas wie eine Form der öffentlichen Beleuchtung in der Video-Überwachung, in der Videoskopie, wie ich sie bezeichne, die die Mikroskopie und die Teleskopie ergänzt. Videoskopie bedeutet wohlgemerkt nicht Fernsehen, Videorecorder oder dergleichen, sondern die Videoüberwachung live.

Gibt es nicht auch einen orwellschen Aspekt an dieser Videoüberwachung?

Sicherlich, doch handelt es sich dabei bloß um die banale, um die nicht pertinente Seite des Phänomens: die Perspektive der Polizeiorgane. Ich habe mich oft kritisch zu ›orwellschen‹ Aspekten der Videoüberwachung geäußert, zuletzt in der bereits erwähnten ARTE-Sendung, die sich mit den Medien und der Demokratie beschäftigt. Mir geht es nun nicht so sehr um die Kontrolle, um die orwellsche Dimension, sondern um etwas Positives, um die Konstitution einer anderen Perspektive, so als gäbe es nun plötzlich eine Verdoppelung der optischen Erfassungsweise: eine große Optik, die zur traditionellen, passiven Optik hinzukommt, die Realzeit, die den realen Raum ergänzt. Es gibt gleichsam ein neues Relief, wie der Stereo-Klang, der uns ermöglichte, eine ganz neue Tiefendimension im Akustischen zu erleben; die neue Optik bzw. das Zusammenspiel der beiden Optiken ergeben eine räumliche und zeitliche Tiefe, die man heute noch kaum erahnen kann. Es ist Alberti, der hier im Hintergrund wirkt, meine italienische Herkunft, die meine Neugierde für das Phänomen der Perspektive geweckt hat.

Wie wirken sich diese elektro-optischen Innovationen auf das Wohnen, auf das Bauen, auf die Architektur unserer urbanen Räume aus?

Es ist eine unglaubliche Mutation des architektonischen Raumes
festzustellen, insofern es heute zu ganz neuartigen Formen des
Technologie-Transfers kommt. Ein Beispiel: um gestern himmel-
wärts zu steigen, baute man einen Turm, den Turm zu Babel – heute
benützt man einen Ballon, ein Flugzeug oder einen Hubschrauber.
Das heißt, daß der technologische Schwerpunkt nicht mehr bei den
Zimmerleuten liegt, bei denen, die auf festem Boden bauen, sondern
in der Avionik oder in der Raumfahrt. Wollte man früher eine Etage
hochsteigen, tat man dies auf einer Rampe oder einer Treppe. Heute
hat man dafür Aufzüge, d.h. der statische Raum der Treppe, der die
ganze Architekturgeschichte so massiv geprägt hat – Palladio, das ist
die Einführung der Treppen –, wird abgelöst von den neuen Tech-
nologien, die nicht mehr vom Architekten kontrolliert werden. Ein
Gleiches gilt für das Fenster: einst fungierte das Fenster als Beleuch-
tungs- oder Wärmequelle, als Zugang zur Welt; heute gibt es z. B. in
Japan künstliche Fenster, die es ermöglichen, im Keller Pflanzen mit
Licht zu versehen. Man sonnt sich im Keller, ohne daß es eine
Öffnung auf die Welt hin gäbe – dies alles durch optische Fibern.
Versieht man nun diese Glasfibern mit einer Kamera und einer
Leinwand, so kann man in diesem geschlossenen Raum die Funktion
der durchbrochenen Wand haben, man hat ein indirektes Fenster,
ein durch optische Kabel realisiertes Fenster. Dies alles ist wohlgemerkt aber keine Zukunftsmusik, sondern hat bereits Eingang gefunden in unsere Architektur: die Wände werden mehr und mehr
zur Leinwand, zum Projektionsraum. Es gibt heute programmier-
bare Fensterflächen, die ganz opak sein können oder ganz transpa-
rent, je nach der Funktion, die man wählt. Die Architektur kann
demnach nicht mehr allein die Architektur des wirklichen Raumes,
der Volumen, der Oberflächen sein, sondern sie wird zu einer Disziplin, die die Inszenierungsmöglichkeiten reflektieren muß, die uns
aufgrund der neuen Technologien zugänglich sind. Die Architektur
geht langsam auf im übergreifenden Feld des Technologietransfers.
Es genügt, die Architekturbüros anzuschauen, die Computer, Plot-
ter, Autocad, die graphische Palette usw. Der Architekt arbeitet

heute nicht primär an Plänen, sondern an Bildern, Bilder, die den Raum vorprogrammieren. Ebenso wichtig ist natürlich die virtuelle Realität: innerhalb der schon bestehenden Realitäten werden in Zukunft mehr und mehr virtuelle Realitäten entstehen. Im aktuellen Raum wird es virtuelle Nischen geben, und der Architekt muß diesen Transitionen Rechnungen tragen, diesen Stellen, die sich vom Gesamtraum abheben. Schon das Vorzimmer, die Garderobe sind virtuell, das Alkoven- oder Schrankbett in der Bretagne ist es auch, eine Art virtuelles Bett, doch handelt es sich dabei um ganz konkrete, materielle Virtualitäten. Die virtuellen Nischen stellen aber einen ungeheuren qualitativen Sprung dar: man zieht die DATA-GLOVES an und den entsprechenden Helm und ist, in einem wirklichen Raum befindlich, zugleich in einem anderen Raum. Diese Verdoppelung des architektonischen Raumes ist entscheidend: die Verbindung des tatsächlichen, traditionellen Raumes mit den virtuellen Räumen. In den letzteren haben wir aber aufgrund der Teleaktion einen geradezu unbeschränkten Zugang zum Anderen. Bis jetzt kennen wir nur die Tele-Vision und die Tele-Audition; mit der virtuellen Realität vermögen wir nun jedoch zu teleagieren, d. h. man kann sich über tausende Kilometer hinweg die Hände schütteln, man kann sogar seit ungefähr einem Jahr Gerüche auf Distanz wahrnehmen. Nur die guten Weine kann man noch nicht auf Distanz schmecken! Die Architektur, doch nicht nur sie, die Stadt, das Leben selbst, einfach alles, wird diese Verdoppelung ertragen lernen müssen, diese Verdoppelung, die eine Krise des perspektivischen Raumes der Repräsentation darstellt.

Geben Sie diesen Faktoren nicht zu viel Gewicht? Handelt es sich bei der virtuellen Realität nicht doch eher um ein Spielzeug für die happy few?

Nein, denn die höhere Geschwindigkeit wird die niedrigere stets eliminieren. Ich antworte Ihnen als Dromologe und kann, wie ich glaube, mit Recht behaupten, daß noch nie eine höhere Geschwindigkeit durch eine niedrigere ausgeschaltet worden ist. Das hat es nie gegeben! Es gibt eine Art Darwinismus der Geschwindigkeit, einen Kampf für die stets höhere Geschwindigkeit, und die besseren Leistungen tragen stets den Sieg davon und schalten die früheren Konkurrenten aus. Die neue, absolute Geschwindigkeit der Wellen wird unweigerlich alle früheren Geschwindigkeiten ausmerzen, und wir sind bereits voll in diesem Verdrängungsprozeß begriffen.

Wir sprachen schon zuvor vom Golfkrieg. Was bedeutet dies eigentlich für den Krieg selbst, wie wird militärisch auf diesen Prozeß reagiert?

Es stehen sich im Grunde heute zwei Formen des Krieges gegenüber: zum einen die archaische, primitive Kriegsführung im jugoslawischen Bürgerkrieg und dann der Golfkrieg, der die künftigen Auseinandersetzungen prägen wird, da ja die dort erprobten neuen Mittel bereits weiter entwickelt und getestet werden. Was sich in Jugoslawien abspielt, ist ein privater Krieg in der Tradition des lokalen Kriegsherren; diese Art Krieg ist zwar bereits im 17. Jahrhundert vom öffentlichen Krieg abgelöst worden, doch in Jugoslawien ist man noch einmal dorthin zurückgekehrt, zu einer Art Krieg, der kein Krieg ist, sondern so etwas wie ein generalisierter Tumult mit Männern, die an der Spitze ihrer Stämme stehen und für ihr Territorium kämpfen. Im ehemaligen Jugoslawien sind wir zur feudalen Welt zurückgekehrt, zum tumultuösen Kampf der vielen Kriegsherren um das Territorium. Die Tendenz geht aber heute eindeutig auf den absoluten, ›reinen‹ Krieg hin, eine Form des Kampfes, bei dem man siegt, ohne Blut vergossen zu haben. Man hat dies sehr gut im Golfkrieg gesehen, wo die Soldaten zu nichts nutze waren. Im Materialkrieg der Zukunft wird der Mensch immer mehr eliminiert werden, und das zeigt sich auch am Heerwesen; in Frankreich und anderswo auch ist die prägende Tendenz jene der Berufsarmee, der Technologen. Der Mensch ist nur noch Polizist und nicht Soldat, die Waffensysteme haben ihn ersetzt. Die Militärs haben dies noch nicht voll erfaßt, doch diese Tendenz ist eindeutig: die Technik hat heute die Oberhand. Der reine Krieg kennt keine Opfer mehr, doch der Sieg ist dafür umso totaler. Es geht darum, den ›Feind‹ zu lähmen, ihn stillzulegen. Paralysieren, fixieren, nicht töten! Wenn man nicht mehr reagieren kann und völlig immobil ist, ist man zwar noch lebendig, doch virtuell tot: darauf hat es aber der Krieg im Zeitalter der Technologie abgesehen; alles drängt auf den Stillstand, auf die Inertie hin. Und die Rede von den neuen Nomaden, der städtische Nomadismus und dergleichen mehr – dies alles ist m. E. illusorisch angesichts dieser Grundtendenz hin zur Bewegungslosigkeit, zur Statik, zur Inertie, zur Behinderung. Der Behinderte, der heute in seinem Auto – einem technologischen Wunderwerk – herumfährt, ist ein Pionier: das ist unsere Zukunft, mit Prothesen ausgestattete Invaliden sein.

Gespräch mit

PIERRE KLOSSOWSKI

Pierre Klossowski, ich möchte Sie zunächst nach einer, wie ich weiß, sehr wichtigen Periode Ihres Lebens fragen. Ich meine die Jahre, die Sie als Gymnasiast in Genf verbracht haben.

Es handelt sich bei dieser Epoche, von der Sie sprechen, wirklich um eine entscheidende Zeit meines Lebens, und zwar schon aufgrund der außergewöhnlichen Leute, die damals um mich herum in Genf lebten. Einer der engsten Freunde unserer Familie, den ich oft sah, war Franz Masereel, der berühmte flämische Künstler und Holzschnitzer. Dann sah ich da auch regelmäßig Pierre-Jean Jouve. Das große Ereignis war aber die Ankunft R. M. Rilkes in Genf – Rilke wohnte damals schon in der Schweiz. Mein Vater hatte bereits in Paris einen Genfer Freund, Auberjenois, der ihn veranlaßte, sich in der Schweiz niederzulassen. Sie sahen sich in Genf regelmäßig und arbeiteten zusammen, u. a. für die Premiere von Strawinskis *Histoire du Soldat*, für die mein Vater das Bühnenbild entworfen hat. Die Premiere fand Ende 1917 in Lausanne statt, und der Dirigent war natürlich Ernest Ansermet, in dessen Villa wir etwas später wohnen sollten. 1918, ungefähr nach dem Ende der Sommerferien, Ende Juli, glaube ich, zogen wir nach Conches in die Villa Ansermet um. Wir hatten ein wunderschönes großes Appartement im Erdgeschoß, mit einer Treppe, die in den Garten führte. In dieser eigentümlichen Atmosphäre des Jahres 1918 und in diesem besonderen Kontext machte ich die entscheidenden Lektüren meines Lebens. Ich las damals sehr viel. Mein Vater beschäftigte sich etwa mit einer Strindberg-Inszenierung, und so war es dann nur natürlich, daß auch ich Strindberg las! Ich las Baudelaires Übersetzungen von E. A. Poe und Stendhal. Damals entdeckte ich auch Scotts Romane, vor allem *Ivanhoe*. Dieser Eindruck war so stark und so prägend, daß ich noch 50 Jahre später, als ich meinen Roman *Le Baphomet* verfaßt habe, an die einstige Lektüre anknüpfte, daß mir die Figuren noch gegenwärtig waren, vor allem zwei Ritter, von denen einer ein Templer ist, die beide in meinem Buch vorkommen. Es war dies eine recht seltsame, bewegte Epoche nach dem großen Waffenstillstand. Man sprach überall von der großen Krise in Rußland, von der Revolution und den Sowjets usw. Ich hatte übrigens in der ›Oase‹, in der ich damals wohnte, in dieser wunderschönen Villa, sehr viel Glück, denn das Haus hatte eine große Bibliothek, und ich las alle Bücher, die ich wollte. Ich verschlang z. B. Balzacs Werke. Ich besuchte damals auch das Theater der *Pitoëffs*, in dem so viele wichtige Stücke uraufgeführt wurden. Ich verbrachte damals meine Zeit wie gesagt hauptsächlich mit der Lektüre, blieb nächtelang auf, um zu lesen, und war auch in der Schule ein recht brillanter Schüler, vor allem in Latein und im Aufsatz. Ich schrieb die besten Aufsätze, die von meinen Lehrern bewundert wurden, doch in Mathematik war ich ganz katastrophal! Wegen meiner Probleme in Mathematik mußte ich fast die Klasse wiederholen, doch dann hat sich alles von selbst durch unseren Weggang aus Genf erledigt. Mein Bruder Balthus hat damals in Genf, von Masereels Beispiel angespornt, der sein Stundenbuch veröffentlicht hatte, sein Buch über Mitsou kreiert.

Viel wichtiger als Masereel war aber für Sie und für Balthus Rilke?

Selbstverständlich, denn er hat die entscheidenden Schritte meiner Jugend motiviert. So war er es, der mich dazu brachte, Gide zu lesen, und überhaupt trat ich damals erst durch ihn in Beziehung zur verlorenen kulturellen Tradition meiner Familie, einer Tradition, von der wir mit dem Ausbruch des Kriegs abrupt getrennt worden waren. Bis 1914 waren wir nämlich in Saint-Germain-en-Laye zuhause. Meine Mutter war eine Schülerin Bonnards, und er bestand darauf, daß sie sich in Paris niederlasse. Bonnard haben wir dann 1924-25 in Paris wiedergetroffen, zu der Zeit, in der wir natürlich auch mit Rilke zusammen waren. Es war überhaupt Rilkes letzter Pariser Aufenthalt, und meine Mutter – Sie wissen ja, daß meine Eltern getrennt lebten – stand damals Rilke sehr nahe. Sie begleitete ihn nach Muzot, und wir Kinder, Balthus und ich, besuchten ihn selbstverständlich auch regelmäßig in Muzot, und zwar bis zu seinem Tode 1926.

Sie hatten eine enge Beziehung zu Rilke und Sie sahen ihn oft. Doch lasen Sie ihn damals eigentlich auch?

Ich muß gestehen, daß es mir immer große Schwierigkeiten bereitet hat, ihn zu lesen. Ich habe Rilke letztlich nie wirklich verstanden. Ich stand ihm sehr nahe und war trotzdem weit von ihm entfernt, und es gab Dinge, über die wir miteinander gesprochen haben. So entdeckte ich z. B. erst sehr viel später, als ich mein Nietzsche-Buch schrieb, d. h. erst vor etwa 15 Jahren, durch die Korrespondenz von Lou mit Nietzsche, die Briefe und die ganze Beziehung zwischen Lou A. S. und Rilke. Rilke sprach mit uns nie von Lou A. S., er hat sie nie erwähnt. Ich weiß nicht, weswegen er darüber geschwiegen hat, auch später in Paris, als er nach wie vor mit ihr korrespondierte. Es gab jedenfalls eine Mauer des Schweigens um ihn herum, und die Beziehung zu Lou zeugt davon, vor allem die letzten Briefe aus der Zeit des Ausbruchs seiner Krankheit.

Rilke ist selbstverständlich nicht die einzige wichtige deutschsprachige Präsenz in Ihrer Jugend. Und wenn ich daran denke, daß Sie so viele wichtige deutschsprachige Werke (Hamann, Kakfa, Hölderlin, Benjamin, Wittgenstein, Heidegger) übersetzt haben, so scheint es bei Ihnen von Anfang an eine privilegierte Beziehung zum Deutschen gegeben zu haben?

Denken Sie! Ich habe mir mein Deutsch mühsam erarbeiten müssen. Ich habe es wiederlernen müssen, und ich tat es durch die Lektüre. Es war eine schwere Aufgabe, mein frühes Deutsch wiederzufinden, und dann gab es ja natürlich auch die Schwierigkeit, mein Französisch zu verbessern. Das habe ich in Genf getan, wo ich mich mehr und mehr für Literatur interessierte. Meine Lehrer mußten den anderen Schülern immer erklären, weswegen meine Aufsätze die besten der Klasse waren! Sie sagten ihnen, daß ich dies allein meinen Lektüren verdankte, daß ich den ganzen Baudelaire auswendig wußte usw. Ich hatte aber, als ich von Genf nach Paris kam, einen Genfer Akzent, über den sich André Gide lustig machte. Bevor wir nach

Paris kamen, gab es zwischendurch noch einen längeren Aufenthalt in Berlin. Auch dies war eine sehr aufregende Zeit im Berlin der Inflation, dem großen Berlin der zwanziger Jahre. Ich hatte natürlich allerlei Projekte. Mein Vater ging dann mit Professor Strol nach Paris, wo er an wichtigen Projekten zu arbeiten begann, und Strol stellte ihn u. a. auch Gide vor. Mein Vater sprach mit Gide en passant von uns, von seinen beiden Söhnen, die in Paris geboren waren und darauf brannten, nach Paris zurückzukehren, daß sie sich in Mitteleuropa – er meinte damit Berlin – völlig verloren und entwurzelt vorkamen. Schließlich zog sich dies alles hin, wegen allerlei Angelegenheiten, und meine Rückkehr nach Paris bildete in der Korrespondenz zwischen Rilke und Gide ein wichtiges Thema. Man beriet also hin und her und mußte in jedem Falle meinen 18. Geburtstag abwarten. Ich war damals noch 17 und verbrachte meine Ferien bei einer sehr guten Freundin Rilkes in Meran, im Südtirol. Ich lebte dort einen wunderbaren Sommer lang, und als die Zeit nahte, um nach Deutschland zurückkehren, entschloß ich mich dazu, Berlin endgültig den Rücken zu kehren. Ich schrieb durch die Vermittlung Rilkes – Rilke und meine Mutter wohnten nämlich damals im Wallis – einen Brief an Gide. Gide las den Brief, fand ihn äußerst bewegend und antwortete postwendend: »So viel Leidenschaft und ein so fester Wille *müssen* belohnt werden!« Eine phantastische Reaktion! Daß Gide, der für mich einen Mythos darstellte, jemand, den ich auf der gleichen Stufe mit Baudelaire sah, daß er sagte: er soll sofort kommen, war etwas Unglaubliches! Und so kam ich dann im November über Zürich nach Paris zurück. Ich wohnte eine zeitlang bei den Strols, die mich auf das Paris der Nachkriegszeit vorzubereiten hatten, dieses Paris, das für den Reisenden, der an der Gare de l'Est ankam, ein ganz anderes geworden war, mit unheimlichen Typen und neuen Gefahren...

Sahen Sie dann Gide ständig während dieser ›gefährlichen‹ Zeit?

Selbstverständlich! Er war ja mein Vormund, während ich noch Schüler am Lycée Janson-de-Sailly war.

Hat Gide Sie auch dazu gebracht, Vergil zu lesen und zu entdecken?

Balthus und ich hatten schon früher Vergil gelesen und überhaupt die Klassiker. Wir lasen Vergil und Homer im Original, und wir amüsierten uns damals, Eneas oder Telemachos darzustellen, in kleinen Sketchen. Wir hatten auch einen sehr guten Lateinlehrer, und ich muß gestehen, daß der einzige Grammatikunterricht, den wir ernsthaft besuchten, der lateinische war. Das Deklinieren lag uns gewissermassen nach dieser strengen Schulung im Blut, und es war wie ein Schock für mich, mich mit Grammatiken zu beschäftigen, in denen es keine Deklination gab, nur komische Bestimmungen und solche Sachen. Der Lateinunterricht war für mich entscheidend, und ich habe davon meine ganze Schulzeit lang profitiert und dann selbstverständlich auch im Priesterseminar. Und dann gab es schließlich auch noch eine dritte Phase, in der ich zu übersetzen anfing. Ich übertrug zunächst Augustinus, dann Sueton und dann auch Vergil selbst. Sie wissen ja, was es mit meiner Vergil-Übertragung auf sich hat! Es mußte so weit kommen, daß sich Michel Foucault für die Art und Weise, für die ›Technik‹ einsetzte, mit der ich Vergil übersetzt hatte.

Ich möchte Ihnen nicht schmeicheln, muß aber trotzdem erwähnen, daß man Ihre Version der *Aeneis* in einem Munde mit Hölderlins und Chateaubriands Übertragungen genannt hat, als wegweisende Beispiele eines anderen, eigentlichen Übersetzens. Wie haben die Leute eigentlich darauf in den letzten Jahren reagiert?

Es hat sehr viele Menschen beeinflußt, z. B. den verstorbenen Antoine Vitez von der Comédie Française. Ich habe Vitez leider erst vier Tage vor seinem Tode kennengelernt. Es war ein furchtbarer Schlag für mich, denn ich kannte ihn natürlich vom Sehen her, und als wir miteinander sprachen, ergaben sich sofort zahlreiche Projekte. Er bestand darauf, daß die Truppe der Comédie Française bei der Einweihung der neuen Oper der Bastille an jeweils zwei Nachmittagen meine Übersetzung von Vergils *Aeneis* lesen sollte. Er war selbst Übersetzer aus dem Russischen und dem Griechischen, und er sagte mir, wie sehr ihn meine Version, die zuerst bei Gallimard erschienen war, beeindruckt hatte, daß es eine regelrechte Befreiung darstellte.

Wie ist es eigentlich zu dieser epochalen Übersetzung gekommen? Wollten Sie absichtlich eine traditionelle Technik des Übersetzens in Frankreich unterbrechen?

Es war für mich völlig klar, daß es nicht so weitergehen konnte, mit den immergleichen geglätteten Prosaversionen, und daß es darauf ankam, die ursprüngliche Textur so nahe wie möglich wiederzugeben. Ich habe dies im Vorwort – meine Poetik des Übersetzens – formuliert und mit dem Ausdruck des Skulpturalen zusammengebracht. Es kam darauf an, das Plastische an der Vorlage zu übersetzen, jenes subtile Spiel der Phoneme, das in der Regel geopfert wird. Es ist wichtig, die Phoneme durch etwas Adäquates zu ersetzen, auch durch eine bestimmte Wortfolge, durch Schocks usw. Desgleichen müssen an manchen Stellen die Verben den Substantiven vorangehen, und man muß überhaupt die Stellung der Worte in der Periode neu durchdenken. Diese meine Methode des Übersetzens ist in dem einen wunderbaren Bild umschrieben worden, das sagt, daß die Zielsprache, das Französische, bei mir zum Gefäß wird, das die Ausgangssprache, das Lateinische, aufnimmt.

Haben Sie eigentlich mit Gide, der ja auch ein Übersetzer war, über Vergil oder über die Technik des Übersetzens gesprochen?

Nein, überhaupt nicht, meine Gespräche mit Gide handelten ausschließlich von moralischen Angelegenheiten in einem weiten Sinne. Wir sprachen lange und oft von erotischen Dingen, von der Homoerotik der Alten, von Sokrates und den Griechen und den Problemen, die es mit sich brachte, eine solche Lebensweise im 20. Jahrhundert, vor allem in Frankreich, zu wählen. Ich erinnere mich an eine pikante Episode, die noch in meine Gymnasialzeit im Lycée Janson fiel. Ich ließ mich einmal in einem Schulaufsatz gehen und bekannte recht frei meine Neigung für die jungen Männer. Der Lehrer, ein charmanter Mensch, sagte nur: »Sprechen wir nicht davon!« Ich beging blödsinnigerweise den großen Fehler, Gide diesen Aufsatz zu zeigen. »Welche Schande! Wie hast Du so etwas tun können?« Man wird sofort fragen, von wem hängt dieser junge Mann ab, wer hat ihm dies beigebracht? Man wird nach dem Vormund fragen und sagen: André Gide. Oh!« Später nahm dann Gide eine ganz andere Haltung zu diesen Dingen ein. Er sprach offener davon, auch in seinen Tagebüchern. Und noch etwas später, nach seinem großen Erfolg an der Comédie Française, veröffentlichte er dann einiges dazu in einer Zeitschrift, die bei *Minuit* erschien, und er forderte von allen: Kompromittieren Sie mich (bitte), kompromittieren Sie mich!

Und was sagte Gide zu Ihren Zeichnungen, die ja auch recht gewagt sind?

Sie machten ihm Angst und Bange, und es war wirklich nicht sehr fein von meiner Seite, ihm und auch anderen solche Zeichnungen zu unterbreiten. Ich schrieb z. B. in Briefen an ihn kleine Geschichten, die sehr lustig waren und die ihm gefielen, kleine Phantasien. Als ich aber diese Geschichten zu illustrieren begann, fürchtete er sich wieder davor und sagte mir: »Glaubst du nicht, daß sie deine Briefe öffnen, daß sie es finden werden?« Maurice Sachs gefielen meine damaligen Zeichnungen sehr – es waren ganz kleine Formate, nichts, was mit meinen jetzigen Werken oder den Zeichnungen, die ich 20 Jahre später beginnen sollte, zusammenhing. Sachs, der die Bilder meines Bruders nie geschätzt hat – er sagte von Balthus, er wäre bloß ein Geschickter! –, Sachs wollte eine illustrierte Ausgabe von Gides *Falschmünzern* veröffentlichen. Ich machte einige Skizzen, und als ich sie Gide zeigte, reagierte er genauso wie bei dem Schulaufsatz. Er fuhr regelrecht hoch: »Du hast da etwas Dämonisches geschaffen!« und dabei hatte ich bloß Edouard im Fauteuil gezeigt, mit einem jungen Dämon, der sich über ihn beugt.

Waren diese frühen Zeichnungen, anders als Ihre jetzigen Großbilder, alle mit Bleistift gezeichnet?

Ja, mit Bleistiften. Doch ich habe diese Zeichnungen leider nicht behalten. Heute würde man mir ein Vermögen dafür bezahlen. Doch dann habe ich das alles eine Zeitlang aufgegeben.

Und machten sich ans Übersetzen?

Ja, allerdings erst später. Es gab zunächst die Gelegenheitsübersetzungen, Arbeiten, mit denen ich mein Leben finanzierte. Ich begann dann, meine Texte auszuwählen, und dann verbesserte sich plötzlich meine Lage. Meine erste Wahl, was ein wichtiges Werk betrifft, war Hamann, und das hing mit Kierkegaard zusammen. Im Seminar hatte ich nämlich sehr eifrig Kierkegaard studiert, der immer wieder von Hamann spricht.

Kierkegaard, Hamann – Sie haben jedenfalls immer die großen Stilisten gelesen?

Hamann hat für mich in der Tat viel bedeutet, doch gab es dabei ein kleines Unglück. Leider habe ich bei meiner Übersetzung auf eine schlechte deutsche Vorlage – die Roth-Ausgabe, ein Text voller Fehler – zurückgegriffen, und als mein eigener Text fertig war, d. h., die Auswahl, die ich aus seinem Werk gemacht hatte, erschien zur gleichen Zeit in Wien eine hervorragende neue Hamann-Ausgabe. Ich verglich also meine Version, die bei *Minuit* erschienen war, mit dem neuen deutschen Text und war schockiert! Lindon wollte mich überreden, eine ganz neue Fassung herzustellen, doch ich wollte das nicht. So ist das Wichtigste an meiner damaligen Hamann-Ausgabe mein einleitender Essay, eine, wenn man so sagen kann, sehr theo-

146

logische Studie unter dem Einfluß Luthers. Von den Dominikanern
kommend hatte ich nämlich eine Zeitlang die Absicht, das Heil im
Protestantismus zu suchen. Ich bekehrte mich also zum Calvinis-
mus, was ich allerdings später widerrief. Dies alles, diese meine lange
religiöse Krise, fiel mit dem Ende des Weltkriegs zusammen. Doch
dann, nach verschiedenen Etappen, kam ich in den Schoß der katho-
lischen Kirche zurück und heiratete. Das alles habe ich ausführlich
in der *Vocation suspendue* erzählt. Und das alles können Sie auch in
der Verfilmung der *Vocation suspendue* sehen. Es ist zwar ein Film,
d. h. eine Umarbeitung meines Buches, so daß viele Dinge zu sehen
sind, die nicht im Buche stehen, doch das Wesentliche, die Geschichte selbst, ist bewahrt worden.

Es gab für Sie eine lange theologische Krise, die Sie in verschiedene Klöster
und Priesterseminare brachte: zu den Jesuiten in Lyon, zu den Benediktinern
in Hautecombe, zu den Dominikanern bei Chambéry, zu De Lubac (noch
immer bei den Dominikanern) in Lyon, dann zu den Franziskanern, Luthera-
nern und schließlich wieder zurück zum Katholizismus, und ich weiß gar
nicht, ob ich dabei alle Etappen erwähnt habe. Man hat Ihr ganzes Werk, ich
meine das literarische und das zeichnerische, als theologisch bezeichnet.
Sind Sie mit dieser Charakterisierung einverstanden?

Ich bin natürlich durch und durch von Theologie durchdrungen, wie
es auch Alain Arnaud in seiner hervorragenden Studie, die er über
mich veröffentlicht hat, feststellt. Theologie freilich in einem weiteren Sinne verstanden, da es ja viele Dinge bei mir gibt, die in den
Bereich der Häresie weisen. Häresie in dem Sinne, daß ich oft die
Dinge nicht einfach dogmatisch übernehme, sondern sie zu deuten,
zu erklären versuche. Ich bin aber durchaus ein gläubiger Adept der
Dämonologie eines Tertulian, ich glaube wirklich daran. Ich glaube
an das Dämonische, das sich z. B. in der Paranoia zeigt. Wie kann
man nicht sehen, daß es sich bei der Paranoia um ein typisch dämonisches Geschehen handelt? Weswegen sollte man denn nicht mehr
an Dämone glauben, nur weil wir angeblich nicht mehr im Mittel-

alter leben, weil der Dämon heute keine Flügel mehr trägt? Meine
Theologie ist freilich nicht wörtlich zu nehmen. So habe ich mich
z. B. auch mit dem Problem des Atheismus beschäftigt. Ich habe also
zunächst in extenso Theologie studiert und erst danach, in einem
zweiten Schritt, die Gründe des Atheismus erkunden wollen. Ich
habe mich, um dies zu tun, regelrecht in die Haut der Figuren Sades
versetzt, um die Dinge so zu sehen, wie die Atheisten, die von ihm
geschildert werden, sie sehen mußten. Und dann studierte ich in
diesem Lichte auch Nietzsche. Bei Nietzsche sind die Dinge natürlich sehr viel komplexer als bei Sade, und gerade deswegen hat mich
die Sache so sehr interessiert. Ich bin der Überzeugung, daß Sade ein
hundertprozentiger Atheist war, der nicht an die Unsterblichkeit der
Seele glaubte...

... wie Ihr großer Freund George Bataille?

Das kann ich nicht mit Sicherheit sagen. Ich glaube nicht, daß man
Bataille beim Wort nehmen kann, daß man ihn so zu verstehen hat,
wie er es uns weismachen will. Ich glaube nicht, daß man über
jemanden urteilen kann, daß man über den Grund eines Menschen
etwas sagen kann ausgehend von den Schriften, die er veröffentlicht
hat. Man kann niemanden nach dem beurteilen, was er sagt, denn
alle Aussagen haben ihren Kontext. Jemand kann sich hinter einer
Meinung, die er äußert, verstecken, er kann versteckte Gründe
haben, das eine oder das andere zu sagen. Es ist ein großer Irrtum,
die Leute nach dem einschätzen zu wollen, was sie veröffentlichen
oder was sie öffentlich von sich geben.

Der Mensch, der sich im Schreiben verstellt – dabei muß man unweigerlich
an Ihren Akt denken, an die Tatsache, daß Sie das Schreiben zugunsten der
Kunst aufgegeben haben. Trifft dies auch für das Lesen zu?

Ich lese recht wenig und komme mit der Lektüre nicht nach. Es gibt
einfach zu viel zu lesen. Manchmal lese ich aber trotzdem, doch

generell hindert mich daran meine Kunst; meine Bilder beschäftigen mich ständig, bzw. die Themen meiner Bilder.

Wie wählen Sie eigentlich diese Themen oder Motive aus?

Es gab sie gewissermaßen als Bilder, noch bevor ich sie in meinen Büchern beschrieben habe. Ich habe immer wieder auf dieses Vorleben, auf die Präexistenz meiner bildhaften Visionen hingewiesen. Als ich sie z. B. in meinen Werken einem Schüler Courbets zusprach, um sie dort in extenso zu beschreiben, handelte es sich bereits um meine Bilder, um Motive, die z. T. auch bereits als Bilder bestanden. Schließlich – und ich weiß, daß ich mich hier wiederhole, daß ich es nicht zum ersten Male sage – muß ich aber sagen, daß dies auch für meine Portraits gilt, für meine Bilder Sades oder Nietzsches. Ich versetze mich in Sade oder in Nietzsche und erblicke in ihnen etwas, das ich bereits vorher gesehen hatte. Ich sehe z. B. Sade und erblicke ihn dabei physisch ganz wie er ist und höre ihn sprechen. Das gilt erst recht für Nietzsche, den ich noch besser zu kennen glaube, ich *sehe* ihn, denn ich weiß, welche Art Mensch er war. Das alles reicht freilich nicht aus, um die Bedeutung des Visuellen zu erklären, doch galt es zu einem Moment, sich zu entscheiden; und um meine großformatigen Zeichnungen zu verfertigen und durchzuarbeiten, mußte ich das Schreiben aufgeben.

Was hat das Bild eigentlich, das dem Wort fehlt? Gibt es eine andere Wahrheit des Bildlichen?

Es gibt natürlich Visionen, die überhaupt nichts mit dem Bild gemeinsam haben, mit dem Begriff des Bildes. Für mich ist dies undenkbar. Ich glaube nicht, daß man miteinander kommunizieren kann, ich mißtraue der alltäglichen Kommunikation. Es kommt auf die eigentliche, auf die geistige, unterirdische Kommunikation an. Es gibt, von der sprachlichen Kommunikation aus betrachtet, ein Mißtrauen gegen die Vision. Noch die heilige Theresa von Avila sagt:

»Schickt sie weg, wenn sie Visionen hat!« Das ist sehr ungerecht, doch zeugt es von der ganzen Schwierigkeit, Bilder in Worte zu fassen. Und warum sollte man denn den Bildern mißtrauen, warum sollte man sich denn nicht etwas hingeben, das so mächtig und so gegenwärtig ist, wie die Vision, die Bilder, die einen bedrängen? Warum sollte ich sie denn nicht mit den Mitteln, die mir zur Verfügung stehen, darstellen? Verstehen Sie das?

Ein anderer auffälliger Zug in Ihren Bildern ist die Zentralität des menschlichen Körpers. Bei Ihnen gibt es kaum Landschaften, Natur nur als Dekorum – und eben – ständig den Körper. Woher rührt diese Manie der Darstellung des Körpers?

Sie kennen ja das Wort von Paul Klee: das Bild hat eine ganz eigene Anatomie, entsprechend der Anatomie des Mannes oder der Frau, die es darstellt. So müssen also Klee zufolge die Anatomie des Bildes und der Figur übereinstimmen; erst die Relation beider ergibt das Bild. Das ist ein grundlegendes Verhältnis, auf das zu achten ist. Und dann kommt, was die menschliche Figur angeht, das theatralische Element hinzu, das in meinen Bildern besonders wichtig ist. Bei mir hat die Fiktion im Bild eine ähnliche Funktion wie bei Füssli. Füssli malte ja entweder direkt eine Szene Shakespeares oder aber er stellt Schauspieler in einer bestimmten Pose dar. Füssli repräsentiert das Schauspiel selbst, die Entzweiung zwischen dem Schauspieler und der dargestellten Figur. Füsslis mythologische Szenen sind in der Art Blakes gemalt, und seine Szenenbilder sind so, daß die Schauspieler dabei nicht ganz mit der Figur übereinstimmen, daß es eine Differenz gibt. Ich weiß nicht, ob ich dies klar genug ausgedrückt habe, doch bei mir ist es ganz entsprechend. Es ist das Theater, die theatralische Repräsentation, die einen Vermittler, einen Schauspieler, einen Menschen mit seinem Körper notwendig macht. Wenn Sie wollen, so kann man auch diese Szenerie ›theologisch‹ nennen, indem die Figuren, die ich darstelle, Dämonen sind, die sich selbst erkennen wollen. Es ist erneut das Dämonische, das ich darstelle und das mich anzieht, und ich folge diesem Zug, ohne mich um andere Dinge zu kümmern, ohne darauf zu achten, daß die einen sagen, dies alles sei Unsinn, oder die anderen, meine Arbeit sei »retro«, d. h. veraltet und überholt. Retro – diejenigen, die mich als überholt bezeichnen, wissen selbst nicht, wie überholt und überflüssig sie sind, und daß sie selbst bald völlig überholt sein werden.

Ein weiterer Zug in Ihren Bildern und in Ihren Büchern – es genügt vielleicht, erneut an Sade zu denken – ist die Gewalt, das gewaltsam-gespannte Verhältnis zwischen den Figuranten auf Ihren Zeichnungen...

Das stimmt, und es ist durchaus beabsichtigt, denn es gibt ja so etwas wie eine Asymmetrie der Seelen. Jede Situation ist zudem selbst asymmetrisch, und das macht ja auch natürlich ihren Reiz aus. Wäre sie völlig ausgeglichen, so gäbe es ja keinerlei Reiz und keine Wirkung...

...und keinerlei Interesse.

Gespräch mit

RENÉ GIRARD

René Girard, hält man sich die Interdisziplinarität Ihrer Werke vor Augen, denkt man an ihren methodischen Pluralismus, so muß man sich unweigerlich fragen, ob Sie selbst immer schon eine Art intellektuellen Universalismus angestrebt haben?

Nein, ganz und gar nicht. Ich habe ja zuerst Geschichte, und zwar vor allem mittelalterliche Geschichte, an der Pariser Ecole des Chartes studiert, und ich muß sagen, daß ich damals sehr heftig gegen den positivistischen Geist der Geschichtswissenschaften reagiert habe. Ich rebellierte also gegen die Enge des Faches und ganz allgemein gegen die Art des Unterrichts, wie wir ihn damals während des Krieges an der Ecole des Chartes erteilt bekamen. Ich hatte eine regelrechte Allergie gegen die Ecole des Chartes, und das ist wohl auch der Grund, weswegen ich heute in den Vereinigten Staaten lebe und mich für die Literatur entschied und nicht für die Geschichte. Meine Ideen entwickelten sich vom Literarischen her, und ich muß noch hinzufügen, daß ich keine wirkliche literaturwissenschaftliche Ausbildung besaß, so daß ich am Anfang durchaus gezwungen war zu improvisieren. Meine allerersten Untersuchungen zum Problem des mimetischen Begehrens tragen den Stempel dieser Improvisation.

Sie sind also, so gesehen, ein Autodidakt?

Ja, sicherlich, obgleich ich andererseits eine Unmenge von Diplomen in Geschichtswissenschaft besitze. So habe ich z. B. an der Universität Indiana in Geschichte promoviert, und in Indiana begann dann auch meine akademische Karriere.

Weswegen gingen Sie an die Ecole des Chartes und nicht etwa an die Sorbonne?

Hier haben allerlei Zufälle eine Rolle gespielt. Ich hatte in der Tat zunächst vor, an der Ecole Normale Supérieure zu studieren, und während der notwendigen Vorbereitungszeit kam ich von Avignon nach Lyon, wo mein Bruder Medizin studierte. Lyon schreckte mich ab, ich mochte die Stadt überhaupt nicht, und bei meiner Rückkehr nach Avignon sprach ich mit meinem Vater darüber. Dieser – er war selbst Absolvent der Ecole des Chartes – erklärte mir die Vorzüge, die mit dieser Institution verbunden waren: man konnte alles zuhause vorbereiten, und das ermöglichte es mir dann auch tatsächlich, dem eigentlichen Universitätsbetrieb im besetzten Frankreich von 1942 fernzubleiben.

Weswegen zog es Sie eigentlich von Frankreich in die USA?

Nach dem Abschluß der, wie gesagt, von mir letztlich doch recht ungeliebten Ecole des Chartes, hatte ich eigentlich nur die Wahl, Archivist zu werden oder etwas ganz anderes zu suchen. Da mir das erstere nicht zusagte – obgleich der Archivist in Avignon in einem herrlichen hochgelegenen Raum des Papstpalastes wohnt, mit einem atemberaubenden Blick über das Rhonetal – und ich eine Alternative suchte, brachte eine Amerikareise im Jahre 1947 die gewünschte Befreiung. Ich brauchte einfach mehr Raum und mehr Luft, und Amerika kam damals meinen Vorstellungen entgegen. Die amerikanische Universität der fünfziger Jahre war natürlich ganz anders als die jetzigen Institutionen: sehr viel provinzieller und isolierter, eher einem mittelalterlichen Kloster ähnlich. Sie entsprach darin einerseits den USA der fünfziger Jahre, die noch nichts von der späteren Weltoffenheit hatten, und stellte trotzdem inmitten der Gesellschaft eine Oase der Freiheit dar. Ich schätze die amerikanischen Universitäten außerordentlich, da sie mir stets sehr viel Freiheit geboten haben. Ich habe stets das tun können, was mir gefiel, und konnte in dem recht heterogenen Feld zwischen Ethnologie und Religionswissenschaft, Literatur und Psychologie frei arbeiten. Meine Tätigkeit war immer schon literarisch orientiert, was den Anthropologen stets verdächtig erschien, und anderseits anthropologisch fundiert, was wiederum in den Literaturdepartments mißfiel.

Wie kamen Sie eigentlich von der Geschichte und der Literatur zur Anthropologie?

Ich hatte wohl immmer schon ein Faible für die große Schule der englischen Anthropologen. Obgleich diese traditionelle Form der Anthropologie heute nicht gerade hoch in Kurs steht, schätze ich die Studien vor allem der englischen Ethnologen des 19. Jahrhunderts sehr. Ich habe mir die Werke dieser Autoren in der Lektüre, wieder als Autodidakt, angeeignet, und auch meine Theorien zum mimetischen Begehren haben dort ihren Anfang genommen, was manchen Kritiker bewogen hat, sie als unmodern zu bezeichnen. Ich bin der Ansicht, daß es sich bei diesen Einwänden um Scheinargumente handelt, denn ich könnte das, was ich in meinen Büchern formuliert habe, durchaus auch mit philosophischeren Termini ausdrücken, z. B. in der Sprache des Poststrukturalismus. Ich bin gegenwärtig gerade damit beschäftigt, diese Verbindungen zwischen meinem System und den neuen philosophischen ›Sprachen‹ herzustellen.

Sie sind freilich nicht nur ein Verfechter der Anthropologie, sondern auch einer ihrer prominenten Kritiker?

In der Epoche, als ich *Das Heilige und die Gewalt* verfaßte, gab es in meinen Schriften tatsächlich einen kämpferischen, polemischen Zug. Dieser Generalangriff entsprach jedoch letztlich, wie ich es jetzt sehe, einer Notwendigkeit: da ich mich mit meinen Theorien völlig isoliert fühlte, kam es darauf an, den Dialog auf diese agressive Weise herauszufordern. Um meine eigene ›Stimme‹ zu finden, war ich darauf angewiesen, die Dinge beim Namen zu nennen und manchmal auch vor sehr direkter Kritik nicht zurückzuweichen. Die Interdisziplinarität, die ich betreibe, bringt es einfach mit sich, daß man gegen alle und alles Stellung nimmt, jedoch nicht unbedingt in einem negativen Sinne, sondern eher in der Weise der Dekonstruktion.

GESPRÄCH MIT ...

Was halten Sie eigentlich von der sogenannten Dekonstruktion, der inzwischen etablierten »Dekonstruktion«, von Derrida & Co.?

Die Dekonstruktionisten oder Poststrukturalisten sind in den USA sehr viel präsenter als in Frankreich. Hier in Amerika gibt es eine regelrechte Schule, die sich von ihnen herleitet und die intellektuelle Debatte dominiert, während die gleichen Leute es im Grunde nie fertiggebracht haben, in Frankreich selbst eine Position zu haben, vor allem nicht an den Universitäten. Im Poststrukturalismus gab es anfänglich durchaus faszinierende Sachen, das, was Derrida z. B. unter dem Stichwort der Logik des Supplements entwickelt hat, wichtige Texte, in denen er den Formen logischer Distorsion nachging, die in den Geisteswissenschaften sehr häufig sind und z. B. bei Rousseau oder in den Schriften de Saussures vorkommen. Für mich stellt dies die äußerst fruchtbare Fortentwicklung einiger heideggerscher Gedanken dar, und diese ganze frühe kritische Bemühung des Poststrukturalismus finde ich sehr spannend. Was dann später kam, diese Tendenz zur ewigen Logomachie, scheint mir eher peinlich. In den USA beschränkt sich der Poststrukturalismus im Grunde auf eine Methode, die Literatur zu interpretieren, und das ist nur im Kontext des amerikanischen Universitätsbetriebs zu verstehen, einer großen Industrie, bei der es vor allem darauf ankommt, ständig zu veröffentlichen, immer neue Methoden und Rezepte zu finden, um auf dem Markt anzukommen. So ist der Dekonstruktionismus zur Mode abgeflacht, mit Texten, die sich im Grunde selbst ad absurdum führen. Zur Zeit finde ich dies alles etwas ermüdend, während es vor 25 Jahren noch durchaus seine Frische und Innovationskraft hatte. Ein positiver Aspekt ist jedenfalls, daß die Literaturwissenschaft und –kritik sich in den USA wieder der Philosophie zugewendet hat; während langer Zeit, vor allem zu den Glanzzeiten des ›new criticism‹, herrschte nämlich hier durchaus eine sehr anti-intellektualistische, anti-philosophische Tendenz vor.
Was meine eigenen Theorien vom mimetischen Begehren angeht, so wollen diese eine radikalere Form der Dekonstruktion sein, mit dem

Unterschied, daß ich nicht dem ewigen Zögern, dem Ja und dem Nein zugleich, der Abwesenheit der Empirie und der reinen Auto-reflexivität huldige, was heute die stets unabgeschlossen bleibende Dekonstruktion charakterisiert, sondern durchaus zu begründeten Aussagen, zu Schlußfolgerungen kommen möchte. Dieses Zögern zwischen Ja und Nein gehört zu einer bestimmten französischen Tradition; Merleau-Ponty etwa war der Philosoph des weder Ja noch Nein, des Ja und Nein zugleich. Die Dekonstruktion entspricht diesem Stil: Man greift zunächst die Linguistik mit philosophischen Mitteln an und dann die Philosophie mit linguistischen Mitteln, und alles bleibt offen, eine große Baustelle mit Fragen, die weiterbeste-hen, mit Antworten, die immer unbefriedigend sind, so daß die Dekonstruktion in letzter Konsequenz auf überhaupt keine Frage mehr antwortet. In der ›Ur-Dekonstruktion‹ Derridas war dies ganz anders, dort waren die Analysen präzise, und mich interessiert eben die Strenge der Beweisführung, die Konstanz bestimmter Resultate. Mir selbst geht es um die Konstanten, um die Übereinstimmungen zwischen literarischen Texten und Mythen, um Dinge, die die De-konstruktion selbst nie zugeben würde. Hätte ich genug Zeit, so würde ich ein Buch schreiben, in welchem ich aufzeigen würde, daß alle Interpretationen der Dekonstruktion mimetischer Art sind, vor allem die berühmte Platon-Deutung Derridas. Ich glaube, daß meine eigene Theorie der Opfermechanismen ein bezeichnendes Licht auf Probleme werfen würde, mit denen sich die Dekonstruktionisten beschäftigen, doch diese selbst würden das selbstverständlich ganz anders sehen und mir eine Art Ursprungsdenken à la Rousseau vorwerfen, während ich doch immer von einem Mechanismus spre-che und nicht von einem nebulösen Ursprung! Ein empirisch nach-weisbarer Mechanismus macht ihnen aber Angst und Bange, das ist einfach zu wissenschaftlich für sie. Deswegen suche ich auch eher nach ›Verbündeten‹ im Lager der Kommunikationstheorie, bei Leu-ten wie Jean-Pierre Dupuy. Ich bewege mich ständig in verschie-denen Feldern, was meine Position recht schwierig macht, doch habe ich ein großes Interesse für die Philosophen, für das philosophische

Denken; gleichzeitig bin ich aber der Ansicht, daß man eines Tages
sehen wird, wie die Mechanismen, von denen ich spreche, so manche
ihrer Probleme lösen, auch ganz einfache Dinge, die plötzlich klar
werden. Doch vielleicht ist dies nur meine Megalomanie! So gesehen
bin ich dann doch wohl eher ein klassischer Denker, denn ich
möchte, daß die Dinge funktionieren. Viele Leute glauben, mir ginge
es um irgendwelche allgemeinen Ideen oder dergleichen, was überhaupt nicht stimmt. Das ist auch der Grund, weswegen ich es
eigentlich scheue, denn dabei hat man notwendigerweise einen Hang
zur Verallgemeinerung, während doch die Phänomene, mit denen
ich mich beschäftige, eine präzise Kleinarbeit erfordern.

Liest man Ihr Werk, stellt man sich jedenfalls jemanden vor, der sehr agressiv,
ja zuweilen geradezu besserwisserisch ist – und wird im Gespräch mit Ihnen
eines Besseren belehrt!

Vielleicht hat mich mein Alter etwas gebessert. Versucht man, wie
ich, interdisziplinär zu sein, so impliziert dies ganz notwendig, daß
man sich gegen die eine oder die andere Disziplin wendet, daß man
deren Einseitigkeit kritisiert. Ich würde hier erneut Verbindungen
zu Heideggers Destruktionsbegriff, sowie zum Begriff der Dekonstruktion sehen. Man kann nur interdisziplinär sein, wenn man sich
auch manchmal gegen eine bestimmte Strömung zu entscheiden
weiß. So steht mir Durkheim sehr viel näher als Lévi-Strauss, obwohl ich selbstverständlich auch das Werk des letzteren bewundere.
Durkheim ist für mich zusammen mit Radcliffe Brown überhaupt
der größte Theoretiker der Ethnologie. Dort, wo der Strukturalismus Positionen vereindeutigt und auf diese Weise verschließt,
scheint mir Durkheim die Perspektive zu öffnen. Durkheim hat
zudem so viel vorweggenommen, was die Strukturalisten später
scheinbar unvermittelt ›entdeckt‹ haben. Mir persönlich geht es stets
darum, von der strukturalistischen Synchronie wegzukommen, um
die Diachronie wiederzufinden. Der Strukturalismus bleibt meistens
einfach bei den Differenzsystemen stehen, die er mühsam erarbeitet

hat; es wird zwar zugegeben, daß die Evolution dieser Systeme noch aufzuarbeiten wäre, doch dazu kommt es meistens nicht. Ohne so theoretisch-analytisch vorzugehen wie die Strukturalisten, würde ich aber trotzdem meine eigene Arbeit als poststrukturalistisch bezeichnen, als einen Versuch, die Genese gesellschaftlicher Strukturen aufzuklären.

Sie sind im Grunde ein Denker, der von einer großen Idee, einer genial einfachen Idee ausgegangen sind: von dem, wie er bei Ihnen heißt, mimetisches Begehren. Wie kam es eigentlich zu dieser Idee? Gab es so etwas wie eine Intuition?

Sie haben Recht, auf diesen Punkt zu bestehen, denn das mimetische Begehren hat in meinem Denken einen zentralen Platz; es stellt in meinen Augen den Schlüssel zur Anthropologie dar, und erst von ihm aus kann man die Opfermechanismen begreifen, die ich untersucht habe. An der Universität Indiana mußte ich im Literaturunterricht Romane behandeln, vor allem Stendhal und Proust, und es kam damals hauptsächlich darauf an, die Differenzen zwischen den Autoren herauszustellen, sie so sehr wie möglich ihrer Individualität nach zu unterscheiden. Das interessierte mich nun ganz und gar nicht, ist mir doch z. B. sofort aufgefallen, wie eng bestimmte Verhaltensweisen, die Stendhal beschreibt, die Eitelkeit, die Eitelkeit(s)-Liebe, von der er in *De l'amour* spricht, mit dem Phänomen des Snobismus bei Proust zusammenhängt. Es gab also, unabhängig von sprachlichen oder stilistischen Besonderheiten, auffällige Gemeinsamkeiten, vor allem in der Darstellung der Liebesbeziehung. Zur gleichen Zeit entdeckte ich auch Dostojewskij und Cervantes; ein Werk wie *Der ewige Ehemann* hat mich fasziniert: ein eifersüchtiger Ehemann, der nach dem Tod seiner Frau deren früheren Geliebten aufsucht; und dieser Mann, der erneut heiraten möchte, will nun von den einstigen Liebhabern seiner Frau die Zustimmung erhalten, um sich mit der jungen Frau zu vermählen. Das ist die Ursituation des mimetischen Begehrens: dieser Trieb, der als Wegleiter dient, dieser Blick, der des Blickes des Anderen bedarf. Und ganz Ähnliches entdeckte ich dann auch überraschenderweise, nach Proust, Stendhal und Dostojewskij, im *Don Quijote*: im ersten Drittel des Romans gibt es bekanntlich die Geschichte des neugierigen Ehemanns, der seine Frau durch die Vermittlung eines Freundes kennenlernt und heiratet, und nun von diesem Freund verlangt, daß dieser seiner Frau den Hof mache, jedoch nicht, weil er betrogen werden möchte, sondern gerade umgekehrt, um nicht betrogen zu werden. Bei Dostojewskij, einem Autor ganz anderer Sprache und Kultur, bei einem Schriftsteller einer ganz anderen Epoche, gibt es aber etwas völlig Entsprechendes, das nie als solches bemerkt worden ist. In vielen seiner Werke treffen wir auf diese komplizierte Dreierbeziehung, kurz: auf das mimetische Begehren. Dostojewskij selbst bewunderte zwar Cervantes außerordentlich, doch er machte sich eine falsche Idee von ihm: er sah in Cervantes eine Art Don Quijote, eine paradoxe Idealfigur. Und er selbst hat nie gesehen, wie eng verwandt bestimmte seltsame Verhaltensweisen seiner Figuren mit jenen Cervantes' sind. Das war der Auslöser für mich: diese frappierende Übereinstimmung zwischen einer Figur des *Don Quijote* und dem ewigen Ehemann Dostojewskijs; beides übertriebene, pathologische Formen eines Mechanismus, den ich auf ähnliche Weise bereits in Stendhals Eitelkeit und Prousts Snobismus vorgefunden hatte.

Diese Grundfigur des mimetischen Begehrens ist auch jene von Paolo und Francesca?!

Genau. Dante hat mich als archetypischer Autor der abendländischen Literatur immer schon interessiert, und so mußte ich selbstverständlich auf die Paolo und Francesca-Episode aufmerksam werden: Die beiden verlieben sich nämlich eigentlich aufgrund eines Dritten, eines Buches, und die Bücher sind es ja auch, die überhaupt Don Quijote zur Gestalt des Don Quijote machen. Das mimetische Begehren bedient sich stets eines Modells, sei dies nun ein Individuum, ein Rivale oder auch ein Buch, eine Buchfigur. Es gibt jedenfalls immer einen Dritten; entscheidend ist dabei, daß der Trieb, der Wunsch, allem Anschein und einer langen Tradition zum Trotz, nie frontal geweckt wird, nie von einer Zweiersituation her entsteht, von einem Subjekt-Objekt-Verhältnis aus, sondern eine Dreierbeziehung impliziert, die je nach sozialem und kulturellem Kontext recht unterschiedlich ausfallen kann.

Das mimetische Begehren ist freilich – wir sprachen bis jetzt vor allem von literarischen Beispielen – ein recht konkretes Phänomen?!

Selbstverständlich, und ich werde Ihnen auch sofort das Beispiel nennen, das allen Psychologen bekannt ist. Geben sie fünf Kindern fünf verschiedene Spielzeuge, so ist es absolut unmöglich, daß die Verteilung dieser Objekte reibungslos vor sich geht; der erste wählt ein Spielzeug, und sofort möchten auch der Zweite, der Dritte, der Vierte und der Fünfte den gleichen Gegenstand besitzen. Hier sieht man übrigens, daß es durchaus so etwas wie einen rationalen Grund des mimetischen Begehrens gibt: da nämlich pertinente Kriterien zur Wahl des einen oder anderen Gegenstandes fehlen, fungiert die Wahl des Anderen selbst als das gesuchte Kriterium. Der Andere sieht in meiner Wahl etwas, das ich selbst nicht gesehen habe, und gemeinsam geben wir erst unserem Objekt seinen Wert, so daß die Wahl so gesehen als durch und durch motiviert erscheint. Sozial gesehen ist dieser Konflikt schädlich, führt er doch stets zur Auseinandersetzung, und alle Mechanismen der Höflichkeit, des guten Tons, die Verbote, die Tabus, ja die Kultur überhaupt, sind nichts anderes als Kontrollinstanzen, die den stets drohenden Konflikt unterbinden sollen.

In Wahrheit beruht aber die Kultur durchaus auf Differenzierung, auf ein System von Differenzen und nicht auf den Konsens?

Sicherlich. Die doppelte Imitation, die den mimetischen Wunsch kennzeichnet, ist eine Art Maschine, eine Form des feedback, die beständig Gewalt produziert, Spannung zwischen den Individuen erzeugt und die gleichsam den Preis des gewünschten Objekts immer höher steigen läßt, weswegen ich in diesem Zusammenhang auch von einem geradezu metaphysischen Wert des begehrten Objekts spreche. Ebensowichtig ist freilich, wenn man die menschlichen Triebe betrachtet, die negative Seite, die Desillusion im Triebleben, ein Phänomen, dem die Psychoanalyse nicht genug Beachtung geschenkt hat; Freud spricht jedenfalls nie von diesen wichtigen Momenten, in denen der Kampf, der ja überhaupt erst den Preis des Objekts bestimmte, aussetzt. Shakespeare ist vielleicht derjenige, der auf diese Aspekte des Lebens am präzisesten geachtet hat; ein Drama wie *Die zwölfte Nacht* basiert einzig und allein auf der Tatsache, daß das begehrte Objekt nicht mehr wünschenswert ist, seinen Wert verliert. Die Psychoanalyse hat gerade diesen Sachverhalt, dieses Unbehagen angesichts des Besitze(n)s des gewünschten Objekts nie untersucht, weil ihr höchstwahrscheinlich die konzeptuellen Mittel dazu fehlen.

Sie haben in Ihren Werken immer wieder die Auseinandersetzung mit der Psychoanalyse gesucht, und trotzdem ist Ihnen vor allem Freuds Lehre manchmal auch sehr nahe?

Ich kann nicht umhin, auch die Psychoanalyse selbst vom mimetischen Begehren her zu deuten, erscheint sie doch bei genauerer Betrachtung selbst einem Dreiecksmodell verschrieben. Nehmen wir etwa den Ödipuskomplex: der Vater ist für Freud ein Modell, er spricht hier selbst von primärer Identifikation, und die Mutter ist für den Sohn ein Objekt seiner Wünsche. Was dieses Verhältnis vom mimetischen Dreieck unterscheidet, ist, daß es eben überhaupt nicht als ein mimetisches begriffen wird, da es ja Freud zufolge nicht der Vater selbst ist, der den Sohn seinem Objekt zu orientiert. Ich war lange Zeit von Freud begeistert und der Ansicht, daß das mimetische Begehren im Vergleich zu seinen theoretischen Modellen nicht eben viel gelten würde; inzwischen habe ich aber meine Meinung radikal revidiert und glaube, daß das Prinzip des Mimetischen ein universelles ist, ja geradezu als allgemeine Psychoanalyse gelten könnte. Abgesehen davon liefert aber das mimetische Begehren auch eine Theorie des Konflikts, was Freud nicht tut. Vieles scheint mir heute in der Psychoanalyse völlig ungeklärt, inkohärent, so z. B. das Phänomen der Wiederholung, das Freud immer wieder beschäftigt hat. Und tatsächlich, wie sollte man denn mit den traditionellen psychoanalytischen Modellen allein erklären können, daß das ödipale Dreieck immer wieder neu auftaucht, im Leben mehrmals reproduziert wird? Wie soll dies gehen, daß man zugleich in seinem Rivalen den Vater und in der geliebten Frau die Mutter sucht? Auf all dies kann Freud nicht antworten! Was den mimetischen Trieb selbst angeht, so imitiert man ja nie direkt, man wählt nie direkt ein Objekt, sondern im Grunde den Wunsch des Anderen. Es kommt weniger darauf an, daß der Andere der Vater ist, als auf die Funktion im mimetischen Dreieck: sieht man ein, daß der Andere vor allem ein Rivale ist, jemand, der zum Träger der eigenen Wunschvorstellungen wird, so lösen sich so manche scheinbar mysteriösen Seiten des Freudschen Ödipuskomplexes! Der mimetische Trieb ist vor allem ein dynamisches Prinzip; während der Ödipuskomplex nur für ein Subjekt existiert, erklärt der mimetische Trieb ein Verhältnis, das die Realität von zwei Individuen prägt, was zu den typischen Spiegelformationen führt, die wir kennen; imitiert man das Begehren eines anderen, so wird dieser wiederum dieses Imitat imitieren, wodurch man das ursprüngliche Begehren des Anderen erheblich amplifiziert hat. Begehrt man die Frau eines Freundes, so ist es völlig einleuchtend, daß dieser seine Frau mit anderen Augen sehen wird, doch kann sich dieses Verhältnis allmählich verselbständigen und es kommt zu einem – wie ich es bezeichne – regelrechten ›Doppelverhältnis‹: das Rivalitätsverhältnis der beiden Konkurrenten kann m.a.W. so mächtig werden, daß es sich gewissermassen von seinem Objekt löst und in letzter Konsequenz die beiden nur noch voneinander selbst abhängen und sich ein seltsames gegenseitiges Faszinationsverhältnis entwickelt. Für all das hat die Psychoanalyse keine adäquate Theorie, da sie das Konfliktuelle nie wirklich begriffen hat.

Sie selbst hätten demnach in Ihren Werken die Psychoanalyse von einem zu engen Horizont ihrer Fragestellung befreit?

Durchaus, denn das mimetische Begehren kann den Ödipus-Komplex erklären, und nicht umgekehrt. Die Psychoanalyse muß aus ihrer Entstehungszeit heraus begriffen werden, einer Zeit, deren Vorurteile sie teilt. Sie entspricht ganz und gar der viktorianischen und post-viktorianischen Epoche, und das hat zur Folge, daß eine Menge falscher Vorstellungen von der Kultur oder der Familie, daß zahlreiche Tabus in sie eingegangen sind. Hierher gehört etwa die Idee, daß man etwas deswegen begehrt, weil es Verbote gibt – das stimmt zwar manchmal, doch eben nicht immer. Die Familie vom Ödipus-Komplex aus definieren zu wollen, ist einfach absurd! Und auch zu sagen, daß das Kleinkind a priori seine Mutter begehrt und mit dem Vater rivalisiert, scheint mir völlig widersinnig, und zwar unabhängig von der Tatsache, daß solche pathologischen Erscheinungen des Familienlebens wirklich existieren. Eine gut funktionierende Familie ist für mich gerade eine Familie, in der die Söhne ihrem Vater ihre Erfolge angeben können, ohne daß es zu Rivalitätsverhältnissen kommt. Freud hat zu Unrecht angenommen, alle Rivalitätsbeziehungen seien sexueller Natur. Ich selbst behaupte, daß nicht die Sexualität als Triebkraft des Begehrens wirkt, sondern eben die Imitation. Auch dies, daß Freud die Sexualität so sehr privilegiert, hängt einfach mit der viktorianischen Epoche zusammen. Freud war sicherlich genial, doch sein Genie trägt die Zeichen – und damit auch die Mängel – seiner Zeit.

Hört man Sie so sprechen, so scheint das Leben, das Zusammenleben, für Sie gar kein Geheimnis mehr zu besitzen. Prägt diese Luzidität Ihres Urteilens über die mannigfaltigen Imitationsphänomene der Menschen auch Ihr eigenes Leben?

In meinem Privatleben schalte ich ganz und gar ab, bin ich ein ganz anderer. Meine Frau sagt mir sogar oft: »Wie kannst Du, der du dich in Deinem Berufsleben mit all diesen Dingen beschäftigst, die einfachsten und evidentesten Sachen nicht sehen?« Ich antworte darauf, daß ich es nötig hätte, dies alles in den Büchern nachzulesen. Die angewandte Psychologie interessiert mich eben nur wenig.

Welche Lektüren haben für Sie am meisten bedeutet?

Das erste Buch, das ich mit Leidenschaft gelesen habe, war Proust. Das geschah übrigens zu einem recht späten Zeitpunkt, mit 18 oder 19 Jahren. Ein anderer Text, der viel für mich bedeutet hat, obwohl er heute als unmodern gilt, ist Malraux' *Les voix du silence*; Malraux geht dort von der Idee aus, daß der Schriftsteller oder der Maler, der Schöpfer überhaupt, nur allmählich er selbst werde, daß er erst allmählich zu sich komme, und er exemplifiert dies an El Greco, der immer mehr er selbst wird, der sich selbst fabriziert. Diese Vorstellung von der Eigendynamik des fortschreitenden Werkes hat mich sicherlich beeinflußt, obwohl sie gar nicht direkt mit meinen ästhetischen Vorstellungen übereinstimmt. Und dann gab es natürlich die Ethnologen, die Bekanntschaft mit Frazers *Goldenem Zweig*, einem Buch, das keinerlei theoretische Bedeutung hat, dessen ethnologische Beobachtungen jedoch einzigartig sind. Was die theoretische Ethnologie angeht, so habe ich viel Durkheim gelesen. Wenn ich aber von den Büchern sprechen soll, die mich geprägt haben, so muß ich in erster Linie die Bibel erwähnen, und zwar vor allem bestimmte Passagen der Bibel. Die Abschnitte über das Doppel, das Urteil Salomonis, die Geschichte Josephs und manche Passagen der Evangelien waren entscheidende Lektüren.

Und Sie lesen noch heute die Bibel?

Durchaus, und es handelt sich um eine fundamentale Lektüre für mich. Ich glaube, daß ich lange Zeit die Beziehungen zwischen der

Bibel und dem Mythos nicht richtig gesehen habe, und ich schrieb *Die Gewalt und das Heilige* eigentlich zu einer Zeit, wo ich über die Bibel schreiben wollte, mich jedoch nicht imstande fühlte, es zu tun. Ich habe den Eindruck, daß die großen biblischen Texte eine Lektüre der Mythologie darstellen.

Sie lesen zur Zeit vor allem Shakespeare?

Ja, da mich die anthropologischen Mechanismen bei Shakespeare faszinieren. In seinen Komödien findet man sämtliche Formen des mimetischen Wunsches, die in der Renaissance zum Ausdruck kommen. Die Literatur handelt immer wieder – Dante, Cervantes, Shakespeare usw. – von diesen mimetischen Beziehungen. Und die Liste wäre hier leicht zu ergänzen: auch Tasso inszeniert diese Verhältnisse, und der Roman des Mittelalters sprach schon davon, Chrétien de Troyes usw. Die Renaissance stellt aber diesbezüglich wirklich das goldene Zeitalter dar, und ich bin der Ansicht, daß hier niemand Shakespeare das Wasser reicht. In meinem ersten Buch sprach ich ganz generell vom mimetischen Begehren, und danach fing ich an, eine Art Anthropologie, ausgehend von der mimetischen Gewalt, zu entwerfen, um zu zeigen, wie die Kultur immer wieder Mechanismen erfunden hat, um die Gefahren dieser Gewalt zu mildern. Das führt unmittelbar zum Phänomen des Sündenbocks, der mimetischen Opferung. Was mich nun beim jungen Shakespeare frappiert, ist, daß er zur gleichen Zeit, als er seine bedeutendsten Komödien schrieb, bereits an seinem *Julius Cäsar* arbeitete, wo es um den kollektiven Mord und dessen Rolle in der Gesellschaft geht, wo die soziale Gewalt und der soziale Frieden beleuchtet werden u. a. m. Shakespeare sieht demnach mehrere mimetische Aspekte gleichzeitig und er liest dabei selbst die großen Texte Plutarchs auf eine Weise, die ich als mimetisch bezeichnen würde.

Könnte man behaupten, daß es bei Ihnen eine eher pessimistische Interpretation des menschlichen Trieb- oder Wunschverhaltens gibt?

Ja, sicher, und ich folge hierin gewiß auch den großen Autoren wie Shakespeare, Cervantes oder Dostojewskij, deren Vision gleichfalls eine negativ-pessimistische ist. Man muß sich hier freilich über die Extension des Begriffs Begehren [désir] einigen, meine ich doch damit nur das präzise Phänomen, von dem wir bisher gesprochen haben, und nicht alle Aspekte des menschlichen Lebens. Die großen Schriftsteller scheinen selbst ein Problem mit dem mimetischen Begehren zu haben, und die ganze Kultur hat gleichsam auch ihr Problem damit. So ist es nur folgerichtig, wenn in den bedeutenden Werken der Weltliteratur gerade diesem Sachverhalt eine solche Wichtigkeit zukommt, viel wichtiger als im alltäglichen Leben. Um so besser freilich für das alltägliche Leben! Ich stehe jetzt, wo ich Ihnen dies sage, vor Ihnen wie der Chor der antiken Tragödie, der sagt: »Welche fürchterlichen Dinge widerfahren doch diesem Helden! Zum Glück bin ich selbst aber keine wichtige Persönlichkeit und kann mein kleines Leben ruhig dahinleben!« Die Literatur hat so gesehen wirklich eine kathartische, eine anti-mimetische Funktion: die Helden erschrecken uns und wecken zugleich unser Mitleid, so daß wir sie in letzter Instanz eben nicht als Modelle wählen.

Wie wird die stets drohende Gewalt im alltäglichen Leben kontrolliert? Welche Mechanismen gibt es da?

Diese Mechanismen sind heutzutage so mächtig und so allgegenwärtig, daß uns die Gewalt vergangener Epochen, von der wir etwa in der Literatur lesen, völlig unverständlich erscheint. Der wichtigste Mechanismus zur Einschränkung der Gewalt ist die totale Organisation des Lebens: die Tatsache, daß unser Leben der Karriere, dem Berufsleben, der sozialen Odrnung unterworfen ist usw. Auch der Konsumismus, der Sirenengesang unserer Konsumgesellschaft gehört hierher. Diese sagt uns ja nichts anderes als: »Da ihr alle das Gleiche wollt, werden wir es euch geben.« Und da man uns alles zur Verfügung stellt, verliert es auch sofort an Interesse. Die alltäglichen Gegenstände erregen heute kaum noch unsere Aufmerksamkeit, wie es früher noch der Fall war. Und man könnte sogar behaupten, daß die sozialen Unruhen der letzten Jahrzehnte damit zusammenhängen, daß sich die Konsumgesellschaft allmählich selbst ad absurdum führt.

Sie sprechen in Ihren Werken von einer Gesellschaft, die an Stelle des Opfers die Justiz gesetzt hat. Trotzdem scheinen auch in unseren Gesellschaften Elemente des Opfers zu überleben. Wie würden Sie unsere soziale Organisation in dieser Hinsicht einordnen?

Ich bin der Ansicht, daß wir in einer ganz und gar einzigartigen Gesellschaft leben, und ich habe selbst eine recht komplexe Theorie dazu aufgestellt, die im wesentlichen auf der Aufhebung der Opfermechanismen in der jüdisch-christlichen Kultur beruht. Sämtliche Religionen kreisen um Opferriten, doch wird in ihnen der Gesichtspunkt der Verfolger sakralisiert, indem Gott gleichzeitig eine abschreckende, furchtbare und eine anziehende, positive Seite besitzt. Der mühsame Versuch, den zahlreichen Formen der Gewalt aus dem Wege zu gehen, macht die eigentliche Größe unserer Gesellschaft aus. Zwar führt dies notwendigerweise zu Gesellschaftsformen, in denen die alten Opfermechanismen weniger gut funktionieren, doch kommt uns dies durchaus zu gute; wenn wir nämlich in unserer Epoche die alten Opferriten zu erneuern versuchen, führt dies unweigerlich zu den großen tragischen Ereignissen unserer jüngsten Geschichte, zum absoluten Terror. Noch in ihnen lebt aber die Nostalgie des Menschen nach einer Opferkultur fort, nur daß die Multiplikation der Opfer in unseren Gesellschaften nicht mehr, wie in den primitiven Ordnungen, zum sozialen Frieden beiträgt, sondern zur absoluten Gewalt wird. Die Größe unserer Zeit liegt gerade in dem Bewußtsein, das Opfer überwunden zu haben, doch bedingt dies auch die Gefahr, im irrationalen Rückgriff auf Opfermechanismen diese selbst in einer Breite auszuführen, die zu den furchtbaren Geschehnissen des 20. Jahrhunderts geführt hat. Nietzsche war einer der ersten, der die Bedeutung dieser Phänomene begriffen hat, nur daß er perverserweise für die Gewalt optiert hat und gegen die Wahrheit und gegen den Frieden. Nietzsche wählte bewußt den Standpunkt der Gewaltherrschaft, und ich finde, daß dies unabhängig davon, daß er selbst ein wunderbarer Mensch gewesen sein mag, eine entsetzliche Entscheidung darstellt, Nietzsche, der die Wahrheit der Religion gesehen hat, und trotzdem auf dem Opfer besteht, nur damit einige schönen Aristokratien wie die Brahmanen in Indien fortleben sollten...

Worin liegt eigentlich der ›Vorteil‹ des jüdisch-christlichen Systems?

Es handelt sich weniger um ein System, als um die Öffnung bzw. Negation eines Systems, das im Opfer fundiert ist. Die jüdisch-christliche Tradition tut im Grunde nichts anderes, als immer wieder auf der Unschuld des Opfers zu beharren. Ich glaube, daß wir uns heute nicht mehr im Klaren sind, wie außergewöhnlich es ist, daß wir in einer Welt leben, in der ein einziges Individuum gegenüber einer ganzen Gesellschaft Recht haben kann. Unser ganzes Justizwesen, all das, was wir als Menschenrechte bezeichnen, hängt mit dieser Möglichkeit des Individuums zusammen, allein gegen die Gesellschaft Recht behalten zu können. Das funktioniert zwar nicht immer reibungslos, doch wir gestehen diese Möglichkeit zu, und gerade in dieser Imperfektion liegt übrigens auch der Vorteil unserer Gesellschaft. In den primitiven Gesellschaften war dies nämlich sehr viel perfekter organisiert, doch diese Perfektion machte auch deren Nachtseite aus; diese Gesellschaftssyteme geben einem den Eindruck, als ob alles wie in den Verbänden des Tierreichs funktioniere, weil die Opfer stets eliminiert werden, immer unrecht haben, weil alle, die unrecht haben, automatisch zum Opfer werden und ausgemerzt werden. Es gibt in diesen Gesellschaften eine Art Säuberung, die wir selbstverständlich nicht wollen können und darin liegt auch unsere eigene Berufung.

Ist Sokrates eine Art Vorläufer innerhalb dieser Tendenz?

Ganz sicher, hat er doch vieles gesagt, was ganz analog zu dem ist, was ich gerade behauptet habe. Sokrates zieht die Justiz sogar dem Gesamtinteresse der Gesellschaft vor. Anders als in der jüdisch-christlichen Kultur gibt es aber für Sokrates keinen Horizont außerhalb der polis, seine Vorstellungen bleiben intra muros, weil es außen überhaupt nichts gibt. Die Größe des Judentums zeigt sich sehr schön an Figuren wie Jeremias, der zu den anderen sagt: »Wenn ihr so weiter macht, so wird Gott den Tempel verlassen und sich nicht mehr um euch kümmern!« Im Judentum gibt es demnach eine Exteriorität, ein Jenseits der Gesellschaft, und das macht, daß der Denk- und Vorstellungshorizont stets jener der ganzen Humanität ist.

Wie erklären Sie eigentlich die Tatsache, daß wir in einer so gewaltsamen Zeit leben, und dies nach dem langen und anhaltenden Siegeszug jüdisch-christlicher Werte?

Es gibt dafür allerlei Gründe. Zunächst ist es ja so, daß auch die jüdisch-christliche Religion uns nicht einfach die Wahrheit über das Opfer als ein Geschenk übergibt, ja man könnte sogar sagen, daß die das Opfer betreffende Wahrheit das Allerentsetzlichste darstellt. Wir gelangen sogar dazu, in seinem Namen zu verfolgen, der Mensch zeigt sich als ein Wesen, das zu allem fähig ist, das die ungeheuersten Dinge, die allen seinen Prinzipien zu widersprechen scheinen, tun kann. Was wir als politische Propaganda bezeichnen, heißt nichts anderes, als zu sagen, daß der Gegner noch mehr Verfolger ist als wir selbst, und dieses Element prägt alle Auseinandersetzungen. Wir leben heute in einer Zeit, die zugleich gewaltsamer und gewaltloser ist als die früheren Epochen; wir befinden uns in einem Zustand außergewöhnlicher Instabilität, was auf der intellektuellen Ebene eine ungewöhnliche Bereicherung darstellt, und zugleich in einem Zustand fortwährender Desillusion, des Bewußtseins, daß wir stets hinter der Freiheit zurückbleiben, die wir uns eigentlich zu eigen gemacht haben.

Wirkt sich die Gewaltsamkeit auch im intellektuellen Diskurs aus?

Sie ist sehr mächtig und fällt als solche immer mehr auf. Wir alle sind dazu verpflichtet zu sprechen, zu schreiben, zu produzieren. Die allereinfachste Art, die wahre Originalität lächerlich zu machen, die wirkliche Forschung zu zerstören, ist, allem zu widersprechen. Das ist auch der Grund, weswegen es im heutigen intellektuellen und wissenschaftlichen Leben so viele Formen der leeren Negation gibt, Negationen, die übehaupt keinen Inhalt besitzen; ich würde diese Verhaltensweisen als mimetisch bezeichnen, da sie vor allem dem Gegner und nicht der Sache selbst gelten, da bei ihnen das Opponieren wichtiger ist als das, worum es scheinbar geht.

Weil wir von Gewalt sprechen, wüßte ich auch gerne, wie Sie die Französische Revolution einschätzen?

Die Revolution stellt in der französischen Geschichte ein ungeheures Drama dar, das durchaus positive Aspekte besitzt, doch bin ich selbst von Amerika geprägt worden, d. h. von einer Gesellschaft, die eine angelsächsische Vorgeschichte hat und die eine ganz andersartige Revolution gekannt hat. Die Schweizer Demokratie und die angelsächsische können in meinen Augen auch für die Franzosen in sozialer und politischer Hinsicht als Modell wirken. Zwar hat die Französische Revolution für die moderne Welt Entscheidendes bewirkt, den Code Napoléon, die Befreiung bzw. Anerkennung bestimmter Minderheiten, doch hat Frankreich für die Revolution zugleich einen enormen Preis entrichten müssen. 1785 war das französische Bruttosozialprodukt drei mal höher als jenes Englands, während es 1830 dreimal niedriger ausfiel! Man darf natürlich nie nur nach ökonomischen Gesichtspunkten urteilen, doch hat die große Revolution in Frankreich einen bleibenden Riß hinterlassen, dessen Folgen wir noch heute feststellen können; es hat m. a. W. erhebliche psychologische Auswirkungen der Revolution gegeben, und man könnte dabei sogar so weit gehen zu behaupten, daß

Frankreich im 19. und 20. Jahrhundert eine regelrechte Behinderung gekannt hat, die mit den nie verheilten Wunden der Revolution zusammenhängt. Die zentrale Frage ist nämlich, ob man die Revolution überhaupt von der Grande Terreur trennen kann, ob man das eine ohne das andere überhaupt denken kann. Hält man sich das Bild des ausgehenden 18. Jahrhunderts vor Augen, das durchaus auch idyllisch-versöhnliche, positive Aspekte kannte, so kann man nur bedauern, daß es nicht auch in Frankreich zu einer Evolution angelsächsischen Typs gekommen ist.

Wir haben bis jetzt von Literatur, Geschichte und Philosophie gesprochen. Haben Sie eigentlich ihr System auch auf andere Künste angewandt, etwa auf das Kino?

Ja, und vor allem meine Studenten haben sich auch mit mehreren Filmen befaßt. Ich selbst habe mich ziemlich für Bergmans Filme interessiert. Bergman fing mit Komödien an, in denen das mimetische Begehren dominiert, und ging dann dazu über, in seinen Werken dem Sündenbock-Mechanismus mehr und mehr Platz einzuräumen. Es gibt bei Bergman eine Art Shakespeareschen Subtext, was er übrigens auch selbst zugibt. Bergman hat wirklich so etwas wie eine Form der Filmtragödie geschaffen, in der er Dinge ausdrücken kann, die Dante in *terza rima* oder Shakespeare in seinen Stücken formuliert haben.

Und die Musik? Gibt es in der Musik weniger Gewalt als in den anderen Kunstformen?

In letzter Zeit habe ich mich recht ausführlich mit Wagner beschäftigt, Wagner, den ich mit Nietzsche und Heidegger im Kontext dieser großen deutschen Kultur sehen würde, der etwas Furchtbares anhaftet, etwas Furchterregendes. Diese große deutsche Tradition hat den europäischen Nihilismus geprägt, diese Tradition, die stets ein instabiles Gleichgewicht zwischen Heiligkeit und totalem Deli-

rium kennt. Wagner würde ich hier einordnen. Ich glaube, daß die
Walküre ein ganz außergewöhnliches Werk ist, in dem sich alles um
kollektive Formen des mimetischen Begehrens dreht; die Walküren
sind wie die griechischen Bacchantinnen: sie machen die Menschen
zu Göttern, um sie kollektiv sterben zu lassen. Wagner muß dies
nicht nur von der Folie der Edda her vorgestellt haben, sondern
dabei auch die *Orestie* im Kopf gehabt haben, und man muß sagen,
daß die Lektüre dieser Werke sehr viel interessanter ist als das, was
Wagner selbst in seinen eigenen Texten ausdrückt. Nietzsche verdankt diesem Wagner sehr viel für seine Deutung des Mythos, mehr
als man in der Regel zugegeben hat, und Wagner ist hier derjenige,
der tiefer geschaut hat. Die fürchterlichste Seite Wagners – das ist
Siegfried, Siegfried, der von Mime erzogen worden ist und den er
tötet; indem er ihn tötet, macht er aus dem mimetischen Trieb ein
Opfer. Der Symbolismus der Siegfried-Gestalt ist ganz gigantisch
und ebenso die Rolle, die er in den gefährlichsten Visionen unseres
Jahrhunderts gespielt hat, hat er doch bei den Nazis eine wichtige
Bedeutung gehabt, und zwar ganz zu Recht. Genauso wie es bei
Nietzsche eine gefährliche Seite gibt, die ihn mit dem Nazismus
verbindet, gibt es auch bei Siegfried ein solches Potential, ohne daß
dies die ganze Gestalt erschöpfen würde. Siegfried war ja bekanntlich auch ein Held der Linken, z. B. bei G. B. Shaw. Ich selbst würde
mich als eine Art Gegen- oder Anti-Nietzsche bezeichnen. Nietzsche war einfach ein Luxusdenker, der in einer Zeit lebte, in der es
keine Atombomben gab! Nietzsche sagt ja: »Man muß der Gewalt
freien Lauf lassen, weil man sie lange genug unterdrückt hat.« Das
ist aber angesichts der atomaren Bedrohung völlig überholt und
wirkt angesichts der heutigen geopolitischen Lage als eine absolut
absurde und unhaltbare Position.

Wie würden Sie sich selbst definieren?

Ich gehöre zu denjenigen Autoren, die immer wieder das gleiche
Buch von neuem schreiben: mein Shakespeare-Buch ist im Grunde

GESPRÄCH MIT ...

eine Neufassung von *Die Gewalt und das Heilige* und *Das Ende der Gewalt.*

Und was kommt nach dem Shakespeare?

Ich möchte eigentlich gerne zum Problem des Opfers in der jüdisch-christlichen Tradition zurückkehren, da ich den Eindruck habe, daß die Theologen meine Position völlig mißverstanden haben: ich will noch einmal zu dem, was ich die ›nicht-opferzentrierte‹ Lektüre der jüdischen und der christlichen Kultur zurückkommen, zu dem, was ich als die prophetische Lektüre bezeichne.

Michel Serres, es gibt in Ihrer Familie viele Seefahrer, und Sie selbst haben diese maritime Tradition aufgegriffen. Hat Sie diese Nähe zum Meer geprägt?

Mein Vater war in der Flußschiffahrt auf der Garonne tätig, und ich habe mein Leben als junger Mensch am Wasser verbracht. Diese Tradition besteht in unserer Familie seit Generationen, und so war es nur folgerichtig, daß ich mich dann für die Hochseeschiffahrt entschied. Die jungen Männer, die in der Umgebung der Garonne leben, sind, wie man bei uns sagt, »inscrits maritims« – für die Marine bestimmt –, sie müssen also ihren Militärdienst in der Marine absolvieren.

Sie selbst haben nach diesem Dienst in der Marine dann auch noch die berühmte »Ecole Navale« besucht?

Mein erster Beruf war in der Marine, und ich entschied mich dazu, weil ich bereits eine wissenschaftliche Ausbildung hinter mir hatte, dann aber auch, weil ich stets eine ausgesprochene Leidenschaft für die Geographie gehegt habe. Diese Leidenschaft hat mich mein Leben lang begleitet, und ich scheue mich nicht zu behaupten, daß ich die Welt liebe. Das heißt: ich kann nie genug Berge, Flüsse und Meere zu sehen bekommen. Das Studium an der »Ecole Navale« entsprach in diesem Sinne meinen beiden großen Leidenschaften: dem wissenschaftlichen Wissensdrang und dem Wunsch, die Weite der Welt zu erfahren. Später habe ich jedoch dieses Studium aufgegeben, um mich zu spezialisieren. Wenn man das Pariser intellektuelle Milieu frequentiert, so fällt auf, wieviele Menschen die Geschichte lieben und wie wenige sich für die Geographie interessieren. Die meisten verfolgen die Chronik der menschlichen Ereignisse und Abenteuer in der Zeit, sie träumen sich hinein in die Epochen der großen Rivalitäten, der Kriege und der bedeutenden politischen Geschehnisse. Sehr viel seltener sind aber diejenigen, die, wie ich, einfach die Seen, die Wälder oder das Gebirge lieben, d. h. das, was uns umgibt. In den Büchern, die ich geschrieben habe, ist die Gegenwart der Welt überall mit Händen zu fassen, die Dinge, die uns begegnen, die Landschaften... Die Philosophen haben sich während der letzten 70 Jahre ausschließlich mit der Philosophie der Sprache, der Geschichte oder der intersubjektiven Beziehungen befaßt; sie haben eine Philosophie entworfen, die völlig davon abstrahiert, daß der Mensch in der Welt lebt, daß er Teil dieser Welt ist. Sie taten so, als würden wir gar nicht diese Welt bewohnen. Ich selbst bin inmitten einer naturfeindlichen philosophischen Tradition aufgewachsen, einer Philosophie, für die ein Ast an einem Baum gerade noch dazu diente, sich zu übergeben, wie es Sartre in der *Nausée* beschreibt! Der Ast ist nur dazu da! Für mich gilt das Gegenteil, und je älter ich werde, desto mehr empfinde ich diese grenzenlose Liebe zur Welt.

Es gibt aber immerhin Philosophen wie Kant, der zwar nicht reiste, dafür aber berühmte Vorlesungen über Geographie hielt?

Das stimmt, Kant reiste nicht, er spazierte nur viel...

Ist diese naturfeindliche Haltung der Philosophie etwas typisch Französisches?

Ich glaube es nicht, denn es gab ja immerhin Leute wie Rousseau – freilich ein Schweizer! – und Diderot, die auch Philosophen der Natur waren, und dann Descartes, der einen Traktat über die Welt *(Le Monde, ou Traité de la lumière)* verfaßt hat. Es ist vor allem die Philosophie der letzten Jahrzehnte, die von dieser Weltabkehr geprägt ist, und zwar nicht nur die französische. Die philosophischen Richtungen, die heutzutage Konjunktur haben, haben gleichsam die Welt ausradiert. Für mich steht aber die Rückkehr zu den Sachen als Rückkehr zur Welt immer schon auf dem Programm.

Gab es bei Ihnen nach Ihren geographischen und wissenschaftlichen Studien ein auslösendes Moment, um Philosoph zu werden?

Ja, ein solches Moment gab es durchaus. Ich gehöre der Generation an, die den Krieg, ja mehrere Kriege erlebt hat. Am Anfang meines bewußten Lebens stand der Spanienkrieg von '36. Das war für mich ein Modell für all die Schrecknisse, die dann folgen sollten, für die Greuel der Jahre '39 bis '45. Dann habe ich aber auch die Kolonialkriege miterlebt, die Frankreich in Indochina und Algerien geführt hat. Am Ursprung meiner Entscheidung für die Philosophie steht aber als grundlegendes Ereignis der 15. August 1945, d. h. Hiroshima. Das stellte für mich die verhängnisvolle Verschwisterung von Wissenschaft und Gewalt dar, und ich war damals nicht der einzige, der von diesem Ereignis so tief geprägt worden ist. Aufgrund von Hiroshima verließ ich also die Wissenschaft, um mich der Philosophie zu widmen. Ich bin ein Pazifist. Wenn ich heute als Philosoph tätig bin, so deshalb, weil ich nach Hiroshima keine Lust mehr hatte, Krieg zu machen. Die Menschen meiner Generation müßten eigentlich gegen jede Art der Polemik und der Gewalt endgültig geimpft worden sein. Zwischen meinem 9. und meinem 20. Lebensjahr habe ich sehr viel mehr aufgeschlitzte Leiber gesehen als lächelnde Menschen. Ich habe deswegen keinerlei Lust mehr, mich zu schlagen.

Nach Hause zurückgekehrt und sich für die Philosophie interessierend, fanden sie jedenfalls eine seltsame Situation vor: eine französische universitäre Szene, die im Grunde von der deutschen Philosophie geprägt wurde?

Das stimmt. Frankreich ist in der Tat ein sehr eigentümliches Land, das es sehr sorgfältig zu analysieren gilt. Es gibt zwar in Frankreich eine philosophische Tradition französischer Sprache, die durchaus originell ist, doch wurde diese z. T. verdrängt durch die beiden anderen großen Traditionen: zum einen durch den deutschen Idealismus und die Phänomenologie; Frankreich ist in diesem Sinne sehr kantianisch, hegelisch, husserlianisch, heideggerianisch usf.; zum anderen gibt es die angelsächsische, analytische Philosophie, die gegenwärtig sehr viele Anhänger in Frankreich hat. Und so gibt es bei uns eine Art Mischmasch, mit der französischen Philosophie in der Mitte zwischen den beiden Extremen. Man könnte die französische Philosophie deswegen auch als »dreifarbig« [tricolore] definieren: der Einfluß und die Macht der deutschen auf der einen, der angelsächsischen auf der anderen Seite, und irgendwo dazwischen unsere eigene Philosophie.

Man hat, wenn man Sie so sprechen hört, den Eindruck, es gäbe für Ihren Geschmack zuviel deutsche Philosophie in Frankreich?!

Es kann in jedem Falle nie ein »Zuviel« an Philosophie geben. Und dann ist diese philosophische Situation ja auch recht einfach zu erklären. Wissen Sie, es gibt im Grunde bekanntlich ein Nord- und ein Südeuropa. Nordeuropa – das ist England, Deutschland usw. – und Südeuropa – das ist Spanien, Italien, Griechenland usf. Frankreich ist nun in jeder Hinsicht ein Gemisch dieser beiden Tendenzen, und diese Synthese von Nord und Süd hat immer unsere Originalität ausgemacht. Die französische Philosophie ist folglich auch aus diesem Grunde eine Mischung unterschiedlicher Tendenzen. Man findet in der Regel den Norden immer etwas zu kalt und den Süden zu heiß – wir Franzosen bilden aber in der Mitte den glücklichen Ausgleich!

Frankreich ist übrigens Importen gegenüber sehr aufgeschlossen; man importiert und exportiert, und ich selbst bin, da Sie mich jetzt in Stanford antreffen, wo ich lehre, ein französisches Exportprodukt!

Am Anfang Ihres philosophischen Wirkens im eigentlichen Sinne stand Leibniz. Auch er ein Mischprodukt, was die Sprache angeht...

Leibniz schrieb in französischer Sprache. Von 100 Seiten aus seiner Feder sind ungefähr 70 französisch verfaßt, 25 lateinisch und vielleicht 5 deutsch. In seinen mathematischen Schriften zog er das Lateinische dem Französischen vor. Nie das Deutsche. Ich wählte übrigens Leibniz, weil ich recht präzise Gründe dafür hatte. Zunächst, weil es in seinem Werk eine Synthese zwischen den Wissenschaften und der Philosophie gibt, eine Synthese, die ich auch in meinen Büchern ein Leben lang bemüht war herzustellen. Leibniz war ja Philosoph und ein ganz und gar herausragender Mathematiker und Physiker dazu. Dann wählte ich ihn aber auch deswegen, weil es sich bei ihm um einen Philosophen von außerordentlicher Aktualität handelt. Jedesmal wenn sich jemand mit Mathematik beschäftigt, kehrt er zu Leibniz zurück, wenn er sich mit Physik beschäftigt, tut man das gleiche, und ebenso, wenn man sich mit Problemen der Kommunikationstheorie befasst. Und so fiel also meine natürliche Wahl auf Leibniz, weil er als Vater oder Großvater oder Ahnvater der modernen Wissenschaften anzusehen ist. Es gibt überhaupt keinen gegenwärtigen wichtigen Zweig der Wissenschaften, der nicht auf ihn zurückginge.

Auch die Sprachphilosophie hat ihren Ursprung in Leibnizschen Reflexionen?

Selbstverständlich. Und Leibniz ist zudem mit Pascal zusammen der erste, der eine Rechenmaschine erfindet, so daß er auch als Ahnvater der Informatik gelten kann. Er erfindet ferner das binäre Kalkül, das wir ständig benutzen, und sogar unsere heutigen Computer stammen direkt von Leibniz ab. Leibniz brachte mir aber auch die höchste und beste Tradition des Philosophierens bei: den philosophischen Enzyklopädismus, d. h. den Grundsatz, daß die Philosophen die wissenschaftlichen Errungenschaften ihrer Zeit so genau als irgend möglich zu kennen haben. Und gerade deswegen stellt ein Studium Leibniz' eine geradezu ideale Weise der Einführung in moderne, aktuelle Probleme dar.

Lesen Sie heute noch Leibniz?

Manchmal schon. Leibniz hat, von den beiden erwähnten Eigenschaften abgesehen, noch eine dritte Tugend: er ist ein durch und durch toleranter Mensch. Geht man daran, das Werk eines Philosophen zu erforschen, d. h., wenn man sich auf ihn eine Zeitlang einläßt und in der Lektüre gewissermassen mit ihm ›lebt‹, so sollte man bei seiner Wahl stets sehr vorsichtig bleiben. Es gibt nämlich sehr unterschiedliche Philosophen, solche z. B., die einen versklaven, von deren System man sich nur noch schwer befreien kann –

Hegel z. B.?

Hegel, doch nicht nur er, es gibt deren so viele! Leibniz ist ein in jeder Hinsicht liberaler Denker, der vor den Augen seiner Leser in völlig transparenter Weise eine Welt konstruiert. Man kann in diese seine Welt hereintreten, doch bleibt einem ganz freigestellt, sie jederzeit wieder zu verlassen. Leibniz hilft einem weiterzudenken, ohne seine Leser irgendwelchen Zwängen zu unterwerfen. Die meisten Denker verbinden einem die Augen – Leibniz hingegen fördert die Denkfreiheit seiner Leser und Forscher. Dies lehrte mich, nie Adepten zu haben, keine Nachfolger auszubilden. Keine Meister, keine Adepten – das ist meine Devise. Ein Schüler von X, ein Nachfolger von X ist jemand, der nur die Gedanken von X weiterschreibt; er ist ein Sklave und ein Postbote – mehr nicht. Eine der abscheulichsten Erscheinungen des philosophischen Betriebs ist diese Zugehörigkeit zu einer philosophischen Sekte oder Armee. Als Philosoph französischer Sprache in der Tradition eines Montaigne und Diderot kann ich einen solchen Militantismus unmöglich mitmachen. Ich will keinerlei Schule angehören, und sobald von einer Schule die Rede ist, fliehe ich, mache ich mich auf und davon.

Wurde die Wahl des liberalen und toleranten Philosophen Leibniz auch durch Hiroshima motiviert?

Ja, durchaus. Doch dann auch durch das klägliche Schauspiel, das die französische Universität zu jener Zeit bot; ich meine die endlosen ›Schlachten‹ zwischen den etablierten Schulen, die unablässige Po-

lemik, der Wille, seine Denkweise mit aller Gewalt durchzusetzen –
dies alles hat mich stets angewidert, vielleicht weil ich mich im Sinne
der französischen philosophischen Tradition als jemand verstand,
für den die Freiheit über allem anderen stand. Die Denkfreiheit ist
zwar in den Verfassungen niedergeschrieben, doch an den Universitäten gibt es sie überhaupt nicht, denn es gibt dort nur Meister und
Knechte, und das heißt die Notwendigkeit, bestimmten Zwängen zu
gehorchen. Ich selbst habe mein Leben lang danach getrachtet, diese
Freiheit zu erringen, wie hoch dabei auch immer der Preis war, den
ich dafür zu bezahlen hatte.

Ist die Struktur der Universität m. a. W. der Denkfreiheit hinderlich?

Diese freiheitsfeindliche Struktur ist in der Tat sehr mächtig. Philosophie muß aber m. E. in erster Linie gegen diese Zwänge und
Hindernisse ankämpfen.

Philosophie und Universität stünden demnach zum Teil in einem Gegensatz
zueinander?

Zum Teil schon, insofern es diese Genealogien von Meisterdenkern
gibt, die ihre Nachfolger durchsetzen wollen, um Schule zu machen,
Schüler, die dann einfach nur die Lehre des Meisters wiederholen.
Die Tatsache des Wiederholens gilt an den Universitäten als etwas
Positives, Begrüßenswertes, während sie eigentlich ein Grundübel
darstellt. Obgleich das Abschreiben in der Schule verboten wird,
schreibt an den Universitäten alle Welt ungestört ab. Ich bin von
dieser Kopiererei entsetzt!

Sie haben die Macht dieser Genealogien und Schulen auch persönlich
erlebt, z. B. im Umgang mit einem ›Meisterdenker‹ wie Althusser...

Ich möchte hier niemanden beim Namen nennen, doch habe ich
tatsächlich viele der sogenannten engagierten französischen Philo-

sophen kennengelernt. Diese Sekten gedeihen übrigens auch heute weiter. Ich mache das nicht mit, denn ich bin weder Militant noch Militarist, und die Freiheit bleibt für mich das Allerwichtigste. Wenn man sich schon im agonistischen Felde behaupten möchte, dann tue man es doch bitte in den Wissenschaften selbst. Man werde Mathematiker oder Biochemiker, wenn man wirklich kämpfen will. Wenn man indes wirklich Philosoph sein möchte, muß man frei bleiben.

Die wirklichen und die scheinbaren, die großen und die kleinen Polemiken der französischen Universität haben Sie demnach, so scheint es, regelrecht vertrieben?

Ja, und dies betrifft eine der unangenehmsten Erfahrungen meines Lebens. Es gab für mich zunächst den Weltkrieg – wovon wir zuvor schon gesprochen haben – und dann eben diese andere Form des Krieges, die mir in vielem nur als Fortsetzung des Früheren mit anderen Mitteln erschienen ist. Und so habe ich es vorgezogen, mich davon ganz freizumachen.

Woher rührt eigentlich Ihre bleibende Faszination für die Mathematik?

Ich bin zunächst einmal von Haus aus Mathematiker. Und dann bin ich der Ansicht, daß die Beschäftigung mit Mathematik eine hervorragende Schule der Genauigkeit und Strenge darstellt. Ich habe zuvor von der grundsätzlichen Bedeutung der Freiheit gesprochen, doch heißt dies freilich nicht, daß ich dafür eintrete, der Willkür Tür und Tor zu öffnen, daß man *alles* denken könne. Der bestmögliche Weg, Denkgewohnheiten der Strenge und der Präzision zu gewinnen, ist das Studium der Mathematik, das sich aus diesem Grunde auch besonders eignet, bevor man sich mit Philosophie beschäftigt. Man kann m. E. nicht philosophisch tätig sein wollen, ohne vorher bestimmte Formen des strengen und stringenten Denkens erlernt zu haben. Aus diesem Grunde ist die Mathematik für mich auch heute noch ein Kanon, ein mustergültiges System von Regeln, und auch ein Ideal für das philosophische Schreiben selbst.

Sie verfolgen auch die aktuelle Fortentwicklung in den verschiedenen Sparten der Mathematik recht genau?

Ja, ich habe lange Mathematik studiert, und ich halte mich auch heute noch auf dem laufenden. Es war für mich immer wichtig, mich an den Wissenschaften auszurichten. Ein Philosoph muß – ich wiederhole es – vor allem anderen die wissenschaftlichen Erkenntnisse seiner Zeit kennen und auswerten. Nicht nur jene der Mathematik, sondern etwa auch jene der Geophysik. Sie sprachen vorhin von Kant. Kant hat in dieser Hinsicht wirklich ein gutes Beispiel gegeben, indem er sich mit Mathematik, Physik, Astronomie, Kosmologie oder Geographie befaßte. Doch alle wirklichen Philosophen haben das getan: Aristoteles genauso wie Leibniz oder Auguste Comte. Es handelt sich um die beste und um die lebendigste Tradition der Philosophiegeschichte.

Michel Serres, sind Sie ein Spätaufklärer?

Es war ja nicht allein die Aufklärung, die ein enzyklopädisches Ideal verfolgte! Ich kann mich nur wiederholen: Platon und Aristoteles waren ebenso enzyklopädisch eingestellt wie die Vorsokratiker vor ihnen! Auch im 17. Jahrhundert waren fast alle Philosophen enzyklopädisch orientiert. Es handelt sich um eine grundlegende Haltung der Philosophen die Jahrhunderte hindurch; aus diesem Grunde ist es um so bedauernswerter, daß sich die Philosophen heute mehr und mehr spezialisieren. Mein Grundsatz ist und bleibt jedenfalls: Der Philosoph ist ein Generalist!

Ist dieses Selbstverständnis nicht illusorisch? Das heißt zu einem Moment, in welchem selbst die besten Mathematiker oder Physiker unserer Zeit bloß ein Teilgebiet überblicken, als Philosoph nach wie vor *alles* kennen zu wollen?

Der Einwand gilt für die Wissenschaftler selbst, die gezwungen sind, sich zu spezialisieren. Sobald man zu forschen anfängt, tritt man in (s)ein Spezialgebiet ein oder in ein Spezialgebiet innerhalb eines Spezialgebiets. Das ist aber ein typisches Problem des Wissenschaftlers und nicht das eines Philosophen. Wir dürfen nicht vergessen, daß wir Philosophen sind und nicht Naturwissenschaftler. Als Philosophen müssen wir uns für die Wissenschaften interessieren, doch fällt unser Wissen deswegen nicht unbedingt mit dem Wissensstand der einzelnen Disziplinen zusammen. Der Notwendigkeit für den Wissenschaftler, sich zu spezialisieren, steht m.E. die Notwendigkeit für den Philosophen, sich *nicht* zu spezialisieren, gegenüber. Alle Philosophen haben es so gehalten: sie haben die wissenschaftliche Entwicklung verfolgt, ohne sich zu spezialisieren, und konnten auf diese Weise den Überblick behalten. In den Büchern, die ich geschrieben habe, versuche ich gerade in diesem Sinne stets eine Synthese zu geben: in dem einen geht es um Physik und Philosophie, in dem anderen um Biologie und Philosophie. Und am Ende dieses Weges steht, jetzt wo ich alt und weise geworden bin, das Panorama, die große Synthese.

Stanford ist wohl, auch angesichts der Qualität der wissenschaftlichen Forschung an dieser Universität, ein besonders guter Beobachterposten, um sich einen solchen syntehtischen Überblick zu verschaffen?

Man kann durchaus von Stanford sprechen, doch ebenso auch von Genf oder Paris. Ich habe den Eindruck, daß die Universitäten diesbezüglich wirklich universell – wie es der Name andeutet – geworden sind und daß weder an dem einen noch an dem anderen Orte mehr oder weniger geschieht. Es gibt z.Z. eine Art universelle Gelehrtenrepublik der Wissenschaften und keine einzelnen privilegierten Orte mehr. Es gibt heutzutage kein Zentrum mehr. Einst gab es sie wirklich, diese Zentren: das Berlin des 19. oder das Paris des 17. und 18. Jahrhunderts. Diese Zeit scheint mir aber endgültig vorüber. Ich lehre in Stanford, doch ich könnte ebensogut in Neuseeland oder in Japan tätig sein. Der alte Leibniz pflegte immer zu sagen, daß die Welt, von einigen Nuancen abgesehen, sich überall gleiche.

Sie sind Freund und Kollege von René Girard. Was hat Girards Werk für Sie bedeutet?

Ich habe Girard vor mehr als 20 Jahren an der Ostküste kennengelernt. Wir waren zuerst Kollegen in Johns Hopkins und dann in Buffalo, und schließlich haben wir uns dann hier in Stanford wiedergetroffen. Dank seines Systems ist es mir tatsächlich öfters gelungen, gewisse Probleme zu lösen, die mich beschäftigten. In meinem Buch über Lukrez folgte ich einer physikalischen Perspektive, um von den Atomen ausgehend seine Kosmologie zu erklären. Dabei fiel mir auf, daß bei Lukrez ein Menschenopfer den Anfang machte und daß am Schluß die Pest stand. Ein Physikbuch, das auf diese Weise anfängt und schließt, wirft natürlich zahlreiche Fragen auf. Nach der Lektüre Girards begriff ich aber sofort, daß eine Antwort auf dieses Rätsel nicht so schwer zu finden sei. Girards Theorien waren für mich öfters von entscheidender Bedeutung. Ich habe etwa in meinem Buch *Le Passage du Nord-Ouest* auf ihn zurückgegriffen, wo ich den Verbindungen zwischen den Naturwissenschaften und den Geisteswissenschaften nachgehe; um die Brücke zwischen diesen beiden zu finden, befaßte ich mich damals recht ausführlich mit religionswissenschaftlichen Untersuchungen, und so las ich u. a. Eliade, Dumézil und eben auch René Girard, den ich in dieser Tradition sehen würde.

Das Interdisziplinäre im großen Stil, wie es von René Girard und von ihnen betrieben wird, stellt heutzutage die Ausnahme dar! Man kann jedenfalls nicht behaupten, daß es in Mode wäre?

Nein, es ist nicht in Mode, und ich sage dazu nur: um so besser für mich! Es ist nicht schlecht, nicht in Mode, ohne Nachfolger und Nachahmer zu sein, denn so bleibt man allein und kann konzentriert arbeiten. Das bringt auch viel Einsamkeit mit sich, und man bezahlt dafür im universitären Leben einen recht hohen Preis. Doch unzeitgemäß zu sein, ist gleichsam ein Qualitätsausweis für einen Philosophen, es ist das, was einem die Zukunft eröffnet...

Michel Serres, weltberühmt, bewundert und zugleich einsam, auf der Suche nach einer verlorenen Kultur...

Ja, denn worunter ich in meiner Zeit am meisten leide, ist zu sehen, wieviel Wissen die Wissenschaftler haben und wiewenig Kultur, und umgekehrt, wie wenig diejenigen wirklich wissen, die kultiviert sind. Dieses Mißverhältnis kann sich m. E. auf Dauer als recht gefährlich erweisen; ich meine damit die Tatsache, daß der Fortschritt der Wissenschaften in der Hand von Leuten liegt, die keine wissenschaftliche Kultur besitzen. Das ist ein echtes Risiko. Die Ignoranz der Philosophen, der Literaten und anderer Geisteswissenschaftler, was die unglaublichen Fortschritte in den Naturwissenschaften angeht, ist einfach empörend. Diese Leute verfallen immer mehr einer rein musealen Einstellung, da sie sich ganz einseitig an dem orientieren, was bereits Geschichte ist. So gibt es auf der einen Seite Museen und auf der anderen die neuen Errungenschaften, die isoliert und unentdeckt bleiben. Dieser Abgrund, der zwischen den beiden Wissenszweigen klafft, wird immer größer, da die Wissenschaften immer schneller ›rotieren‹ und die geisteswissenschaftliche Forschung immer historistischer wird. Das ist für unsere westliche Kultur eine regelrechte Katastrophe. Mein Grundsatz ist und war angesichts dieser Trennung immer schon: Synthese. In einer Epoche, in der alles sich scheidet, fordere ich Konkordanz, dort, wo unsere Zeit die Trennungen aufrechterhält, will ich Verbindungen schaffen.

Kann in einer solchen Situation nicht die Literatur auch als ein Organon – der Traum der Romantiker um 1800! – fungieren, um die solchermaßen getrennten Bereiche in symphilosophischer und sympoetischer Weise zusammenzuführen?

Ich glaube, das ist wohl möglich. In der Philosophie gibt es zwei verschiedene Traditionen: die eine ist jene der Universitätsprofessoren, die andere hingegen jene externe der philosophischen Schriftsteller. Sie deuten mit der Rede von der Symphilosophie vor allem auf eine deutsche Tradition hin, doch gibt es auch in Frankreich Gestalten, die nicht an Universitäten, sondern selbständig als Literaten gewirkt haben, z. B. Voltaire, Diderot oder Helvetius. Die Philosophen, die außerhalb der Universität wirken, sind fast stets Literaten und stehen jedenfalls der Literatur mit einer gewissen Offenheit gegenüber: es genügt, hier an Pascal zu denken, der Philosoph, Wissenschaftler und Schriftsteller war. Von Diderot gilt das Gleiche. Und im Falle Montaignes ist es z. B. äußerst schwierig, das Werk des Philosophen von jenem des Literaten zu unterscheiden. Ich glaube, daß es sich sogar um eine typisch französische Tradition handelt, und mir erscheint die Literatur manchmal tatsächlich als die höchste Form des Wissens überhaupt. Wenn Sie ein Auto fahren und, um eine jede ihrer Entscheidungen zu treffen, auf bestimmte Axiome zurückgreifen müßten, würden sie schnell im Straßengraben enden oder einen Unfall bauen. Ihr Körper beherrscht diese komplexen Vorgänge auf eine fast animalische und instinktive Weise. In der großen Literatur sehe ich nun durchaus eine verwandte Form ›blinden‹, instinktiven Wissens am Werk; ich hege größte Ehrfurcht vor dieser Art, sich auszudrücken. Ich glaube, es war Montaigne, der gesagt hat: Wohin die Vernunft nicht gelangen kann, dort soll der Mythos einspringen. Und er sagte auch: Wenn der Franzose es nicht tun kann, dann soll es eben der Gascogner tun! Und ich würde hier noch hinzufügen: Dort, wo die Wissenschaft nicht hinreicht, dort soll die Literatur einspringen! Jetzt, wo ich älter geworden bin, geschieht es oft, daß ich in meinen Vorlesungen sage: Das kann ich nicht beweisen, doch ich werde ihnen dafür eine Geschichte erzählen. Die größte Weisheit besteht oft darin, Geschichten zu erzählen. Wie die alten, weise gewordenen Bauern, die keinen Rat mehr, die keine moralischen Vorschriften von sich geben, sondern in Parabeln sprechen. Ich glaube, ich werde selbst noch in dieser Ecke landen.

GESPRÄCH MIT ...

Ein Schriftsteller der ›Synthese‹, der ihnen viel bedeutet, ist Jules Verne...

Mein Interesse für Jules Verne hat in erster Linie pädagogische Motive. Er hatte ja eine sehr wichtige Rolle zu spielen, was die populärwissenschaftliche Verbreitung der Wissenschaften angeht. Es war Verne, der die Welt des Wissenschaftlers überhaupt erst interessant gemacht hat, und er hatte eine recht glückliche Hand in der Divulgation wissenschaftlicher Systeme. Viele Menschen aus der Generation meiner Eltern sind Geographen oder Geologen geworden, weil sie in ihrer Jugend das entsprechende Wissen in literarischer Form kennengelernt hatten. Schriftsteller wie Jules Verne fehlen uns heute. Warum schreibt heute niemand mehr wie er? Als pädagogischer Autor war er für ganz Europa wichtig. Das Buch, das ich über Jules Verne geschrieben habe, war eine Art Huldigung an meine eigene Kindheit. Ich habe auf diese Weise jemandem, dem ich sehr viel verdanke und der mir entscheidende Dinge beigebracht hat, meine Schuld abbezahlt. Verne stellt wohl die beste Initiation in die Welt der Wissenschaften dar. Man wird wohl nicht der gleiche Astronom, wenn man nicht als Kind *Von der Erde zum Mond* gelesen hat oder *Das seltsame Abenteuer der Mission Barzac* oder dergleichen. Man lernt mit Verne, durch das Sonnensystem spazieren zu gehen!

Sie haben ein mehrbändiges Werk geschrieben, das *Hermes* heißt. Woher rührt diese Faszination für den griechischen Gott?

Dafür gibt es in der Tat ein genaues Motiv. Ich wuchs während meiner Studienzeit in einem Milieu auf, das durchgehend marxistisch geprägt war. Alle meine Professoren waren Marxisten, die meisten meiner Kollegen waren es auch. Ich selbst war es nicht. Für all diese Leute war der allesentscheidende Gott der Gott der Produktion, d. h. Prometheus. Prometheus ist die mythische Figur des Marxismus par excellence: der Gott der Arbeit, der industriellen Fertigung, der Revolte usw. Ich sagte bereits damals zu all meinen

Freunden, die Adepten des Prometheus waren, daß das Problem der Produktion endgültig erledigt sei – habt ihr es noch nicht bemerkt? – und daß das einzige verbleibende Problem in der Kommunikation bestünde. Mit 19 oder 20 Jahren fing ich also an zu predigen: Prometheus ist tot – es lebe Hermes! Hermes – der Gott der Kommunikation und der Information, der Kommunikationsnetze! Hermes erschien mir folglich als Symbol der neuen Welt. Alle Länder, die Hermes gefolgt sind, sind heute führend; Japan hat alles auf die Informatik gesetzt und gewonnen. Und all die, die mit Prometheus weitergemacht haben, sind Pleite gegangen: die großen Industrien, die großen Werften, die Minen usw. Manchester hat zugemacht und ebenso die Bergwerke im Norden Frankreichs. Prometheus starb irgendwann in den fünfziger Jahren, und Hermes wurde geboren. Ich habe damals eine Art Wette auf die Zukunft hin abgeschlossen, denn ich bin immer der Ansicht gewesen, daß die Philosophie das künftige Wissen zu antizipieren habe. Ich glaube übrigens wirklich, daß Hermes heute endgültig gewonnen hat, denn unsere jetzige Welt ist eine Welt des Informationsaustausches und nicht der Produktion. Ich habe 5 oder 6 Bände geschrieben, die Hermes gewidmet sind. Der eine heißt z. B. *Genesis*, doch wollte ich ihn eigentlich »noise« nennen, was mein Verleger nicht erlaubt hat, genausowenig wie die Abbildung der Aphrodite, die aus der Welle steigt. Aphrodite, denn ich plante damals bereits einen weiteren Band mit dem Titel *Der Hermaphrodit*, d. h. Aphrodite und Hermes in einem! Hermes war stets das Emblem meiner Philosophie, und er bleibt es auch heute noch.

Hermes ist natürlich auch der Todesgott...

... und deswegen schrieb ich auch einen Band über den Tod, da ja Hermes, wie man im Griechischen sagt, Psychopompos ist, das heißt, er begleitet die Seelen der Verstorbenen in den Hades. Das war das Buch, mit dem ich wohl am meisten gerungen habe, das am schwierigsten war. Es heißt *Statuen*, und ich habe es verfaßt, weil ich der Meinung bin, daß ein Philosoph sein Werk nicht vollenden kann, wenn er nicht auch über den Tod geschrieben hat. Der Todesgott Hermes hat mich also bis in den Hades hin begleitet.

Es gibt schließlich auch einen *Hermes*-Band zur Übersetzung...

Hermes ist als Götterbote auch der Gott der Übersetzung. Er ist der Gott der Dolmetscher. Ich behandle aber die Übersetzung im Band *La traduction* in einem weiten Sinne und nicht nur als textuelle Übertragung, d. h. im Sinne der Korrespondenz zwischen Ideologien oder Systemen...

Die Übersetzung in diesem umfassenden Sinne gelingt aber heute nur im Ausnahmefall.

Das stimmt, und wir haben bereits über die Gründe dafür gesprochen. Das liegt einerseits an der Tatsache, daß sich die Disziplinen so extrem spezialisieren, und anderseits am konfliktuellen Verhältnis, das die Institutionen bzw. die Menschen, die an ihnen arbeiten, kennzeichnet. Sobald sich die Leute verschließen oder den Weg des Konflikts suchen, kann es keine Kommunikation mehr geben. Es gibt nichts Verlogeneres als das Wort »Kolloquium«; es gibt in der ganzen Welt ständig mehr und mehr Kongresse und Kolloquien, die völlig sinnlos sind, denn diese vereinigen immer eine Gruppe von Leuten, die der gleichen Meinung sind. Es handelt sich nicht um Veranstaltungen, die dem Wissen nützlich sind, sondern um Machtkomplexe; man wiederholt sich ständig, statt je wirklich Meinungen auszutauschen. Das alles ist der Übersetzung im erweiterten Sinne hinderlich. Was die Übersetzung in einer ganz anderen, pragmatischen Hinsicht betrifft, gibt es heute, angesichts der Vorherrschaft des Englischen in der Welt, immer weniger Bedarf an Übersetzung.

Es gibt ein Projekt, das Ihnen besonders am Herzen liegt, nämlich das »corpus« französischsprachiger philosophischer Werke...

Wir sprachen am Anfang von der für die französische Philosophie typischen Mischung an den Universitäten: der analytische, angelsächsische Einfluß auf der einen, der deutsche auf der anderen, und der französischen Philosophie dazwischen wie in einem Sandwich. Es gibt nun seltsamerweise seit über 50 Jahren einen totalen Mangel an französischsprachiger Philosophie in Frankreich selbst. Dem, was die Zeitungen schreiben, zum Trotz wird in Frankreich recht viel übersetzt und recht wenig an eigener Tradition veröffentlicht. Frankreich ist in dieser Hinsicht ein sehr bizarres Land, das genau den entgegengesetzten Eindruck von dem, was wirklich geschieht, hervorruft. Wir kennen unsere eigene Werke in Frankreich nicht. So habe ich erst hier in den USA die französische Musik entdeckt; in Paris spielt man wenig Couperin, Rameau oder Berlioz, auch Bizet ist eher unterrepräsentiert. In den USA hören sie sogar auf den öffentlichen Sendern Musik von Saint Saens, von Paul Ducas, Ravel usw. In Frankreich nicht: wir importieren gerne fremde Kulturen und lassen unsere eigene Kultur darben. Es war Rousseau, der die französische Musiktradition des 18. Jahrhunderts zerstört hat, und diese Tendenz hält an. In der Philosophie treffen wir aber auf ein vergleichbares Phänomen: Die Buchhandlungen sind voller amerikanischer oder deutscher Texte, und wenn man einmal französische Werke auf den Vorlesungsplan setzt, kann man die entsprechenden Ausgaben nirgends finden. Es gab zum Glück Versuche zu retten, was zu retten war. So wurde unter Napoleon III. eine Kommission einberufen, um unbekannte Meisterwerke zu retten; auf diese Weise wurde z. B. die berühmte Tapisserie der fünf Sinne aus Cluny in einem Schloß gefunden, wo sie dem Regen ausgesetzt war. So beschloß ich also meinerseits, das französische philosophische Corpus zu retten. Mit 8 oder 9 Kollegen sind wir an die Arbeit gegangen – es handelt sich selbstverständlich um eine gemeinnützige Aktion –, und wir haben inzwischen bereits 50 Bände veröffentlicht. Ich hoffe, noch bis zum 300. oder 400. Band zu leben. Es gab öfters solche Aktionen in unserer Geschichte, wie z. B. jene des Kanonikus von Mines Mitte des 19. Jahrhunderts, der die ganze lateinische und griechische Patristik herausgegeben und sie auf diese Weise gewissermaßen für die Nachwelt ›gerettet‹ hat, da sie uns heute z. T. nur noch in seiner Ausgabe zugänglich ist. Diese Tätigkeit ist recht undankbar und zugleich sehr arbeitsintensiv, doch ich bin sehr froh, sie unternommen zu haben. Ich sehe das als meine Pflicht an. Es gibt wunderbare Texte unter diesen 50 Bänden. So haben wir Senons *Traktat über die Leidenschaft* dem Vergessen entrissen, ein wunderbares Werk; wir haben Baudins sechsbändige *Republik* veröffentlicht, die Gesammelten Werke von Fontenelle; auch viele berühmte, doch unzugängliche Werke: Condillac oder Broussais' *Von der Irritation und vom Wahnsinn*, Texte, die eine enorme Wirkung gehabt haben und in den Buchhandlungen unmöglich zu finden waren.

Ist es nicht seltsam, angesichts der Internationalität der Philosophie gerade die französische Philosophie auf diese Weise zu privilegieren?

Es besteht, wie Sie sehen werden, kein Widerspruch darin, handelt es sich doch bei einem der ersten Bücher, die wir veröffentlicht haben, um die Werke Friedrich des Zweiten, des Königs von Preußen! Im 19. Jahrhundert sprach alle Welt französisch, nicht nur in Frankreich, sondern in ganz Europa. Dieses Corpus ist durchaus international und gehört nur der Sprache nach, nicht der Nation nach zur französischen Tradition. Es gab unsererseits jedenfalls keinerlei Nationalismus, obwohl man es uns natürlich sofort vorgeworfen hat, so ein Unternehmen zu starten. Wir haben uns ziemlich unbeliebt gemacht, denn es gilt in Frankreich als etwas Skandalöses, Bücher französischer Sprache herauszugeben. Man hat uns mit allen Schimpfworten bedacht, Ultranationalisten genannt, während wir Schweizer, Belgier, Deutsche und Italiener veröffentlichten, die französisch geschrieben haben.

Sie haben immer wieder in verschieden Ihrer Bücher vom Projekt einer neuen Anthropologie der Wissenschaften gesprochen. Was verstehen Sie eigentlich darunter?

Ich habe tatsächlich öfters von einer Anthropologie der Wissenschaften gesprochen. Wir haben einerseits traditionell eine Wissenschaftsgeschichte und daneben eine Theorie der Wissenschaften, eine Epistemologie, von der ich nicht viel halte! (Es handelt sich um eine Art Reklameunternehmung!) Eine Anthropologie der Wissenschaften müßte nun zeigen, was im menschlichen Verhalten und Handeln mit gewissen Formen des Wissens zusammenhängt; sie müßte dabei sowohl die ältesten Mythen betrachten als auch die modernsten wissenschaftlichen Erkenntnisse, um auf diese Weise Wissensgebiete, die normalerweise nichts oder wenig miteinander zu tun haben, zu verbinden.

Sie sprachen von großer Literatur und von großer Philosophie und wissen, daß es gegenwärtig vor allem in Frankreich manche Philosophen gibt, die solche Einordnungen gänzlich ablehnen. Was halten Sie von den Vertretern der sogenannten Dekonstruktion, des Poststrukturalismus?

Ich kenne diese Schulen nicht wirklich, mir sind diese »Ismen« ganz unbekannt. Ich habe nun über 20 Bücher verfaßt, und in keinem dieser Bücher habe ich mich auf die großen »Ismen« berufen. Es handelt sich dabei um rein professorale, universitäre Kategorien, um ein Verfahren, das im Grunde überholte Inhalte zusammenzwängt. Das ist wirklich nicht sehr interessant. Ich bin der Meinung, daß ein philosophisches Werk stets das Werk eines einzelnen Menschen ist, eines einsamen Menschen, der versucht, in einer Art einzigartigen Gedankenexperiments das, was er sagen will, so konzentriert wie möglich auszudrücken. Ich mag keine Schulen mit ihren Standarten. »Ismen« sind gut für Fahnen, für Stadien, für die Welt des Fußballs oder des Basketballs, aber nicht für die Philosophie. Sobald es für ein Produkt Werbung gibt, bedeutet es, daß es nicht wirklich gut ist. Die besten Bordeaux-Weine, von denen ich oft in meinem Buch über die fünf Sinne rede, haben keine Werbung nötig; es gibt keine Reklame für den Margaux oder den Chateau Latour oder für Yquem. Das gilt für den Wein, die Küche und auch für Bücher! Worte, die

auf Ismus enden, gehören in diese Sphäre der Werbung, und dort ist
wirklich das eine Wort, das ankommt, wichtig. Ich gehe als Philosoph den umgekehrten Weg.

Also kein Spezialist und kein Verterer eines Ismus, sondern ein Generalist.
Kann aber der Philosoph heute noch Generalist sein?

Selbstverständlich. Wenn wir heute vom Philosophen etwas verlan-
gen, dann dies: Generalist zu sein. Es gibt heute brennende Fragen,
z. B. ökologische. Bei wichtigen Kongressen über den Zustand der
Atmosphäre kommen jeweils Chemiker zu Wort, Physiker, Klima-
tologen, Meteorologen usw. Doch wer ist überhaupt in der Lage, das
Wissen all dieser Spezialisten zu vereinigen, die Synthese anzugeben,
wenn nicht der Philosoph? Es gibt heute eine ungeheure Verantwortlichkeit des Generalisten. Die Probleme, die uns begegnen, sind
äußerst komplex, haben viele Ursachen, und es gibt keinen anderen
Ort, um sie zusammenzudenken, als die Philosophie. Dieser Ort der
Synthese heißt per definitionem Philosophie. Worauf es ankommt,
ist, daß es einen solchen Ort gibt, daß er wirklich ernstgenommen
wird, daß man ihn als eine Notwendigkeit ansieht. Es stimmt, daß
früher der Politiker diese Rolle innehatte, solange eben die Haupt-
probleme nur sozialer Art waren, Probleme des Zusammenlebens
der Menschen. Heute muß man die politischen und gesellschaftlichen Probleme zusammenbringen mit den Problemen der Physik
und der Wissenschaften; es ist eine viel komplexere Situation, in der
es eigentlich eines neuen Menschen bedarf, der all dies zusammen-
denkt. Diesen Menschen – diesen Philosophen müssen wir produzieren. Meine ganze philosophische Tätigkeit hatte während der
letzten 35-40 Jahren das Ziel, diesen Menschen hervorzubringen,
wenn man so will, den fehlenden »Dritten« in der Mitte zwischen
den Natur- und Geisteswissenschaften. Ich glaube, daß die Kontu-
ren dieses neuen Menschen, den ich Buch für Buch entwerfe, sich
allmählich verfestigen und daß er nun fast eine gewisse Existenz und
Notwendigkeit erlangt hat.

Gespräch mit

GEORGE STEINER

Sie werden in letzter Zeit immer wieder als Philosoph, als *der* englische Philosoph bezeichnet. Andererseits haben Sie sich stets gegen eine solche Einordnung als Philosoph gewährt. Wie steht es damit?

Eine solche Beschreibung würde natürlich die englischen Philosophen entrüsten. Vielleicht sollte ich eher einen französischen Titel ein bißchen verändern; es gibt nämlich in der schönen romantischen französischen Sprache und in anderen wichtigen Sprachen den seltsamen Ausdruck »maître à penser«. Ich möchte mich als einen solchen kleinen »maître en lecture« bewerten. Ich will mit anderen zusammen lesen, mit anderen die Kunst des wahrhaften, wirklichen Lesens in der Praxis und in der Pädagogik verfolgen. Das ist wahrscheinlich die beste Art, mich zu definieren, wenn man unbedingt eine Rubrik sucht.

Gibt es Vorbilder für diese Art Meister-Leser, für diesen besonderen Zugang zum Text?

Du fragst etwas ganz Wichtiges. Natürlich ist man von seinen Lehrern tief beeinflußt. Und ich hatte großes Glück. Ich habe große Meister des Lesens gekannt, zum Beispiel Gershom Scholem. Ich konnte natürlich nie die technische Untersuchung der Kabbala oder der Thora im einzelnen verfolgen. Aber ich habe sehr viel Zeit mit Scholem verbracht. Und mit Scholem zusammen zu sein war sozusagen eine gemeinsame Lektüre. Sogar beim Spaziergang hat er über Texte gesprochen, er konnte so viele auswendig. Ich war in Harvard in den letzten Seminaren von Werner Jaeger. Sein Unterricht bestand buchstäblich darin zu lesen, einen Plato-Dialog, einen Aristoteles-Text, still zu lesen und manchmal zu wiederholen. Ich habe etliche große Lehrer gekannt, unter anderen auch Roman Jakobson. Jakobson war zwar ein technischer Sprachforscher, ein Linguist, aber auch ein sehr großer Leser, ein großer Leser von Gedichten.

Bei Lektüre denkt man sofort, unabhängig von diesen großen Lesern, an die jüdische Tradition. Diese hat ja einen ganz besonderen Zugang zum Akt des Lesens, und ich glaube, das hat für Sie Bedeutung gehabt.

Da hast du völlig recht. Ich habe vor Jahren schon geschrieben – ein Versuch, der sehr umstritten ist –, daß das Judentum seit der Zerstörung des Tempels nur noch eine Heimat hat: das Buch. Wir gehen von Land zu Land, von Katastrophe zu Katastrophe, aber das Buch steckt in unserer Tasche. Wir lesen weiter *gemeinsam*. Wir lesen mit unseren Kindern, wir lernen auswendig, wir kommentieren, wir schreiben einen Text um den Text herum, und unser Paß, der einzige Paß, der mir wertvoll ist, ist eben das Recht, im Text eine Heimatstätte zu finden.

Das heißt, jüdisch sein hieße nichts anderes als mit dem Buch leben!

Mit dem Buch leben und mit anderen gemeinsam lesen. Das ist freilich eine problematische Geschichte, denn ein solches Leben ist auch zutiefst egoistisch. Ich lache mich immer krank bei dem herrlichen Passus bei Montaigne, wo er seiner Frau und den Kindern sagt: Weg, macht keinen Lärm, ich lese. Es steckt im ernsten Lesen fast eine autistische Selbstbesessenheit. Aber: Man kann auch mit anderen lesen, und meines Erachtens ist der Literaturunterricht im Grunde Philosophieunterricht, einfach ein geteiltes Lesen.

Es gibt bei Ihnen die große Sorge um das Verschwinden des Lesens, um die Krise des Lesens, und ich denke an Ihren kleinen Roman *Proofs* (*Unter Druck*). Es ist wohl kein Zufall, daß darin gerade ein Leser, ein professioneller Leser, allerdings ein besonderer, jemand, der Fahnen liest, im Mittelpunkt der Handlung steht.

Du bist selbst Philologe, Forscher, Denker. Zum ernsten Lesen braucht man Ruhe, Zeit, Stille, fast würde ich sagen, ein bißchen Raum. In der modernen Welt wird es immer schwieriger, ja es wird zum Luxus, genug Raum zu haben für eine persönliche Bibliothek.

Wo ist dafür Platz in den kleinen Wohnungen von jungen Menschen? Stille kostet mehr und mehr in der modernen Stadt. Im chaotischen Lärm, in der Kosmogonie des Lärms unserer Kultur ist eine ruhige Stadt fast ein Wunder, ein Wunder Gottes. Die Amerikaner, die manchmal aufrichtiger sind als wir mit ihrer Statistik, sagen, daß mehr als achtzig Prozent der jungen Leute nicht mehr still lesen können. Elektronischer Lärm als Hintergrund fürs Lesen. Das ist erschreckend. Wir wissen, daß der Heilige Ambrosius vor seinem Schüler und Nachfolger, dem Heiligen Augustin, gelesen hat, ohne die Lippen zu bewegen. Das ist vielleicht der Anfang des großen klassischen Jahrhunderts des Lesens. Es könnte sein, daß das jetzt endet. Aber auch wenn man Rock und Pop hört beim Lesen oder sogar klassische Musik, gibt es eine Simultaneität des Inputs. Zu viele Signale dringen gleichzeitig ins Gehirn. Ernstes Lesen ist ein Akt, der von Stille umgeben ist.

Wenn man mit Ihnen spricht, hat man den Eindruck, daß sie alles gelesen haben. Wie organisieren Sie Ihre Lektüre?

Ich bin Menschen begegnet, die wirklich alles gelesen hatten. Der große Altertumswissenschaftler und Historiker Momigliano hatte wahrscheinlich alles gelesen. Ernst Robert Curtius hatte alles gelesen von Pindar bis zur Kunst und neuester Philosophie und Geschichte. Ich bin leibnizartigen polymatischen Genies begegnet, die wirklich alles gelesen hatten. Das trifft selbstverständlich nicht auf mich zu, weil ich keine slawische Sprache kann und so viele Lücken in meiner eigenen Kultur habe. Mein Vater hat schon, als ich viereinhalb Jahre alt war, mit mir gelesen und dabei eine ganz einfache Methode erfunden. Ich mußte auf einem kleinen Stück Papier ein précis, eine Zusammenfassung des Buches, notieren mit einem kleinen Urteil, bevor ich das nächste Buch kriegte. Dieser kleine pädagogische Trick war von größter Wichtigkeit: précis, Urteil, und dann das nächste Buch. Und ich habe bis jetzt das Glück eines starken, zähen Gedächtnisses. So weiß ich rasch, wo man nachschlagen muß, wenn ich etwas brauche. Und natürlich das große Glück einer Kindheit in guten Schulen, dann die Ausbildung an Universitäten und einen Beruf, wo ich fürs Lesen bezahlt werde. Oft frage ich mich in der Früh: Wie kann es sein, daß man mich bezahlt, damit ich etwas tue, was ich mehr als alles andere in der Welt tun möchte. Hinzu kommt noch, daß ich seit sechsundzwanzig Jahren Hauptkritiker des »New Yorker« bin. Ich wurde Nachfolger Edmund Wilsons, des größten amerikanischen Buchkritikers seiner Zeit. Da schickt man mir viele Bücher, aus denen ich welche zur Besprechung auswählen muß, und auf diese Weise sehe ich viele ernstzunehmende neue Bücher, die ich sonst nicht in die Hand bekäme.

Gibt es Bücher, die Ihr Leben regelrecht verändert haben?

O ja, absolut. Und es kann Kitsch, es können schlechte Bücher sein. Wichtig ist die persönliche Entdeckung. Wenn ein Kind ein Buch entdeckt und sich dafür begeistert und es auswendig lernen oder alles von diesem Autor lesen will, darf man ihm um Gotteswillen nicht sagen: Nein, nein, der ist drittrangig, du vergeudest deine Zeit. Das ist ein Verbrechen. Oft sind die Sachen, die uns am meisten beeinflussen, fast kindisch; man wird fast verlegen, wenn man daran zurückdenkt. An der Seine in Paris gibt es die berühmten Buchhandlungen in Kisten und Kästen, wo man die Nase hineinstecken durfte, sogar Kinder. Und da, bei den Bouquinisten, habe ich einen kleinen Band für einige Centimes gekauft, weil mich der Titel so beeindruckte, *Les Trophées*. Ich wußte nicht einmal genau, was das bedeutete. Aber der Name des Autors, de Hérédia, war mir Musik. Da habe ich angefangen, die Sonette von Hérédia auswendig zu lernen, diese schwülstigen, überspannten, altmodisch-pompösen historischen Sonette, und ich war so begeistert, daß ich mir die schlechten Gedichte dieses Dichters ausborgte. Gott sei dank hat mein Vater nicht gesagt: Aber mein Kind, Baudelaire ist tausendmal besser. Das wäre verheerend gewesen. Er sagte: Wenn dich das begeistert, mußt du das lesen. Und viel Literatur dieser Art war für mich wichtig. Zum

Beispiel, *Die chinesische Flöte* von Hans Bethge, wichtig für Gustav Mahlers *Lied von der Erde*. Heute wissen wir, daß das wertlos, daß es eine Art Pastiche ist. Aber bis heute kenne ich dieses Büchlein aus dem Insel-Verlag auswendig. In der Kindheit habe ich mir ein China erträumt, alles Quatsch natürlich, macht nichts, macht gar nichts, der Traum ist das Wichtigste. Und wenn dann die großen Bücher kommen, die man liest und wiederliest, ist es wichtig zu lesen, bevor man versteht. An der Universität Chicago gab es einen Brauch: Anfänger durften in Doktoranden-Seminaren kein Wort sagen, konnten aber an der Wand sitzen und zuhören. Eine gute Idee, um den Anfängern einen Eindruck zu geben, was ihnen bevorsteht. Und da war der große Philosoph Leo Strauss, einer der größten des Jahrhunderts. Er kommt in den Raum, es war ein Seminar über Athen und Gerechtigkeit. Athen, Sokrates, sein großes Thema. Er sagte, meine Damen und Herren, in diesem Seminar wird der Name, und ich verstehe den Namen nicht, nie erwähnt werden. Nach dem Seminar bitte ich einen Doktoranden, mir den Namen zu buchstabieren. Da hat er auf meinen Block geschrieben: Martin Heidegger. Ich kannte den Namen nicht. Ich war siebzehn Jahre alt. Ich stürzte in die Bibliothek, borgte mir drei, vier Bücher aus und habe buchstäblich nichts verstanden, aber ich war völlig gefesselt. Man muß nichts verstehen, um einen Anfang zu machen. Ich war im Banne dieser Stimme, dieses seltsamen magischen Rauschens der Stimme Heideggers, und ich habe angefangen, die Texte ganz langsam zu lesen. Und bis heute schlage ich mich mit ihnen herum. Aber das Wunderbare war, nichts zu verstehen.

Sie haben wichtige Werke genannt, die man lesen müßte, und da denke ich sofort daran, was die Universität heute vorschreibt oder vorschreiben müßte. Sie haben in Ihrem Buch *Von realer Gegenwart* Bezug genommen auf dieses Problem. Und das bringt mich zu der Frage: Gibt es primäre Texte, an die man sich vor allem halten soll, und gibt es Sekundäres, ja Tertiäres, das man vermeiden soll?

Immer. Angefangen habe ich mit dem Homer von Voß, und dann habe ich ihn mit meinem Vater auf Griechisch erarbeitet, Shakespeare von frühester Kindheit an und die Bibel als das Realste aller realen Gegenwart. Das Problem, und ich bin mir dessen völlig bewußt, war, daß das eine elitäre hebräisch-hellenische Auffassung ist, daß es viele andere Kulturen gibt, aus Asien, Afrika, und daß Frauen sich mit einer solchen Liste unbehaglich fühlen und sagen, das ist die alte Dominanz der Macht, der Wille zur Macht einer Leseelite, einer Art Priesterschaft der Professoren und Bonzen. Vielleicht wird es morgen andere kanonische Listen geben. Aber für mein Leben sind das die primären Texte, zu denen ich immer wieder zurückkehre. Doch es kommen neue Sachen dazu. Du teilst meine Begeisterung, und du bist ein viel besserer Kenner Musils als ich. Für mich war Brochs *Der Tod des Vergil* ein entscheidendes Werk, und auch die zwei Bände der Autobiographie der Witwe Mandelstams, Nadeshda Mandelstams *Hoffnung gegen Hoffnung*, scheint mir einer der größten primären Texte aller Menschenerfahrung zu sein.

Sie meinen also die außerordentliche Sekundärliteratur z. B. eines Curtius und eines Vossler wären Primärtexte?

Sie können es werden. Da ist eine geheimnisvolle Mechanik am Werk. Alle können jetzt Wittgensteins *Tractatus* zitieren. Vielleicht ist das eine Verwechslung dessen, was Wittgenstein gemeint hat. Aber Wittgensteins aphoristischer Stil, die Poetik dieses kleinen metaphysisch-logischen Traktats ist jetzt eine klassische Stimme in allen modernen Sprachen. Zur Zeit seiner Veröffentlichung, 1924, wußte man, daß sich vielleicht nur dreißig Exemplare verkaufen lassen, es war eine hoffnungslose kleine Monographie in logischer Theorie. Habent sua fata libelli, Bücher haben tatsächlich ihr eigenes Schicksal. Sie entwickeln sich geheimnisvoll. Sie werden manchmal wiederentdeckt. Ein Beispiel, das ich bald mit mit dem großen Dichter Derek Walcott, dem neuen Nobelpreisträger, der über Homer dichtet, besprechen werde. Seit den Flüchtlingsbewegungen, den furchtbaren Phänomenen des Flüchtens im zweiten Weltkrieg, seit dem Phänomen der Heimatlosigkeit haben wir einen neuen Vergil. Viele Menschen spricht heute Vergil stärker an als der archaische Homer. Für Joyce war noch Odysseus die Hauptfigur. Seit Broch aber, seit Simone Weil wenden sich viele dem Erlebnis der Wanderschaft in der *Aeneis* anders zu. Bücher sind wie Wogen im Ozean, sie steigen, flauen ab, kommen uns auf dem Strand entgegen, strömen zurück. Vieles, was unsere Väter als absolut wichtig schätzten, lesen wir nicht.

Was ist eigentlich der Status des Universitären, zum Beispiel der Doktorarbeiten oder solcher Arbeiten, die bereits ihrer Absicht nach sekundär sind?

Was die Forschung in den Geisteswissenschaften betrifft, bin ich sehr skeptisch. Ein Naturwissenschaftler arbeitet an einem Problem und weiß, daß er am nächsten Morgen ein bißchen mehr weiß als heute. Selbst wenn er kein Genie ist, befindet er sich auf einem Laufband, das der Zukunft entgegengeht. In unserem Fach sind wir Grabwächter. Logisch ist es ein Blödsinn zu sagen, es wird im Westen nie mehr einen Mozart, einen Shakespeare, einen Dante, einen Michelangelo, einen Goethe geben. Man hat nicht das Recht, einen statistischen Sprung ins Nichts zu machen. Und doch glauben die meisten fast instinktiv, daß dies stimmt, daß der große Mittag hinter uns liegt, und unser Kopf ist heutzutage im Gehen rückwärtswandt. In den Naturwissenschaften liegt er per definitionem immer in der Zukunft. In der Literatur, in der Geschichte, in der Philologie, in der Altertumswissenschaft ist etwas Museales, ist etwas vom Archiv. Der Humanist ist zum Friedhofswärter geworden. Und wir selbst handeln ja in der Regel nur noch vom Vergangenen, vom Längstvergangen und scheuen das Aktuelle; und wo wir davon sprechen, tun wir es nicht mit sehr viel Überzeugung. Man hat also nicht das Recht, daran zu zweifeln, daß doch noch etwas Neues kommen wird, vielleicht hier nebenan, und ich tue es trotzdem, angesichts eines Angstzustandes, der Ahnung, daß wir in einem langen Nachmittag leben, einem oft präziösen, langweiligen Nachmittag; ich zweifle, wenn ich sehe, daß es jetzt Comics-Fassungen der *Madame Bovary* gibt oder der *Brüder Karamasov*; wenn ich sehe, wie das Fernsehen dazu beiträgt, die Aufmerksamkeit immer mehr zu zerstören. Ich habe manchmal den Eindruck, dem langen Sonnenuntergang der abendländischen Kultur beizuwohnen, der Stunde, in der sich die Gitter unserer uralten Parks langsam schließen.

Ihre Kollegen würden einwenden, damit sägten Sie letztlich auch an Ihrem eigenen Ast.

Wenn man nicht am eigenen Ast sägt, hat man nicht das Recht, den Baum zu erklettern. Man muß den Mut haben, sich diese grundlegenden Fragen zu stellen. In Cambridge, wo ich die Hälfte meines Lebens verbringe, bin ich von Naturwissenschaftlern umgeben, den großen unserer Zeit, die nett und ganz naiv und höflich fragen: Lieber Steiner, was machst du eigentlich, wenn du den ganzen Tag über König Lear oder Hamlet oder Wilhelm Meister nachdenkst. Die Antwort fällt mir schwerer und schwerer, sie lautet: Es gefällt mir, ich kann ohne diese Arbeit nicht leben usw. Das ist ganz ehrlich, aber das ist keine philosophische Antwort.

Aber ist das nicht auch eine Idealisierung des Naturwissenschaftlers, gibt es doch auch Tausende von Naturwissenschaftlern, die vielleicht auch scheitern, die letztlich nur etwas ganz Kleines machen, und dann den einen großen Newton, so wie es etwa den einen großen Kritiker und den einen Schriftsteller gibt?

Nein, die Naturwissenschaftler arbeiten im Team. Sogar der ganz kleine wirkt mit, und wenn auf der Welt fünfzig Laboratorien an einer Krankheit arbeiten, der Alzheimerschen etwa, und man sagt, fünf wären nur noch einen Schritt von der Heilung, vom Impfstoff, entfernt, dann haben alle mitgeholfen, und sie brauchen ihre Leidenschaft und ihre Tätigkeit nicht zu verteidigen. Man muß niemandem erklären, warum man die Alzheimersche Krankheit bekämpfen will, warum man wissen will, ob es im Kosmos schwarze Löcher gibt und was die Mathematik dieser Phänomene ist. Sie können, auch wenn sie weit zurück sind, ruhig weiterarbeiten, sie müssen ihre Leidenschaften nicht zur Diskussion stellen oder rechtfertigen. Ich glaube, in unserer kritischen wirtschaftlichen Lage, unter dem furchtbaren Druck der europäischen Kriegsgefahr und des Rassismus, müssen wir uns jeden Tag fragen: Was tun wir, wenn wir das zehntausendste Seminar über *Faust* oder über Rilke veranstalten?

Aber könnte man nicht einwenden, um nochmals den Graben aufzureißen zwischen Geisteswissenschaft und Naturwissenschaft, daß die Naturwissenschaften zu einem Ziel gelangen und daß dann der ganze Parcours unwichtig wird? Man hat die Lösung für die Alzheimersche Krankheit gefunden, gut. Der große Vorteil der Geisteswissenschaften wäre der, daß selbst die kleinste Arbeit, so schlecht sie auch sei, eine Spur hinterläßt und Geschichte wird, Tradition.

Sie wird Staub. Unsere Bibliotheken sind voll von Millionen von ungelesenen kritischen und exegetischen Werken. Ich finde es spannend, daß Freud über Ödipus den Aristoteles nicht wegschafft, sondern eine andere Lösung gibt. Ich finde es auch wichtig, daß T. S. Eliot über Hamlet Goethe nicht übertrumpft. Es ist eine andere Art, denselben Text zu lesen und zu erklären, aber das Schöne an der Sache ist, es gibt keinen Fortschritt im Sinne der Naturwissenschaften. Für viele ist das auch bedrückend, und man darf nicht vergessen, daß man im neunzehnten Jahrhundert noch sagen konnte: Es gibt so viele Texte, die schlecht redigiert sind; man kann immer noch ein Detail hinzufügen. Aber heute ist das Philologische fast erschöpft. Ja, wir haben noch Fragen zu Joyce, und es gibt noch neue Fassungen von Proust, aber das sind Randdetails. Um etwas beizusteuern, etwas wirklich Frisches, Einleuchtendes, muß man eine ungeheure Gabe haben, das ist sehr selten. Und meines Erachtens ist die Erwartung, daß Tausende von Doktoranden und Habilitanden und Studenten etwas Frisches zu Goethe zu sagen hätten, höchst unrealistisch.

Wie würden Sie reagieren, wenn ein Hochschulpolitiker Sie fragte: Wie sollen wir denn heute die Universität gestalten? Sie sprachen vom Modell des Lesens. Das ist aber ein Modell, das in einem Seminar mit zweihundert Leuten nicht funktionieren kann. Was kann man tun? Was soll man tun?

In deiner Generation, du bist noch sehr jung, wird das sehr kritisch werden. Es ist gar nicht sicher, daß die Hochschule, wie wir sie kennen, sich weiterentwickelt. Ich möchte sagen, aber ohne Pessimismus, den man mir nachsagt, sondern optimistisch: Nach der Zerstörung des Tempels durch die Römer wurden alle Rabbinerhochschulen verboten. Da hat sich der größte Kenner der Texte, Rabbi Akiba, mit zehn Studenten in ein Versteck geflüchtet und ein Haus des Lesens gestiftet. Man hat einfach gemeinsam gelesen. Sekundärbücher gab es nicht mehr. Ein anderes Beispiel: Erich Auerbach kommt als Flüchtling nach Istanbul. Seine Zwanzigtausend-Bücher-Bibliothek hat er in Nazi-Deutschland zurücklassen müssen. Er sitzt im Hotelzimmer und bricht zusammen. Seine Frau sagt: Du mußt weiterleben. Versuch was aus Freude zu schreiben. Darauf er: Ich habe keine Bücher. Schließlich geht er in die öffentliche Bibliothek in Istanbul und findet einige Klassiker-Bände von Tauchnitz, einige Penguin und Larousse, und er schreibt das größte Meisterwerk der vergleichenden Literaturwissenschaft, *Mimesis*, fast ohne Fußnoten. Sein früheres Buch über Dantes Stilistik in der Rhetorik, aus dem Fundus seiner großen Bibliothek geschöpft, Hochachtung, wird von niemandem mehr gelesen und wird zu Staub. *Mimesis* aber lebt und lebt, weil, vielleicht, alles wieder frisch anfangen mußte. So bin ich gar nicht pessimistisch, wenn ich sage, es könnte sein, daß wir in eine große Krise des Lesens eintreten.

Und daß unsere Universitäten ein Luxus sind.

Ganz richtig. Und daß es fast wie unter den Mönchen des 5. bis 19. Jahrhunderts ist. Wir sprechen hier miteinander in der Schweiz. In St. Gallen gab es die Manuskripte, denen wir unsere ganze westliche Literaturwissenschaft verdanken. Man hat sie von Hand abgeschrieben und auswendig gelernt und tief geliebt. Auch keine schlechte Pädagogik.

Sie würden unter solchem Verschwinden nicht leiden. Aber Sie haben immer wieder betont, daß Sie an der Leere in der heutigen Produktion des Primären leiden, am Ausbleiben der großen primären Texte.

Da irrt man sich immer. Vielleicht hatte ich sie letzte Woche unter der Nase, und sie sind mir entgangen. Nur fünf Leute haben damals vielleicht bemerkt, daß einer der größten Dichter der deutschen Sprache, der Nachfolger Hölderlins, Paul Celan, Gedichte veröffentlichte. Das naheliegende Große entschwindet einem oft. Ich habe Angst vor einer Kultur, wo wir den ganzen Tag Rezensionen lesen und keine Bücher, wo wir im Fernsehen immer mehr Bilder anschauen und immer weniger Zeit haben, Texte zu lesen. Es gibt jetzt Prüfungsprogramme, wo die Studenten über Zitate schreiben müssen, ohne das Werk gelesen zu haben oder zu wissen, woher das Zitat stammt. Dort liegt die Gefahr des Packaging, eine Art Supermarkt des schnell verdaulichen Fast Food, einer Kitsch-Kultur des Sekundären.

Ich verstehe Ihre Sorge, daß das Primäre vom Sekundären erwürgt wird. Andererseits könnte man sagen, daß es große Kulturen gegeben hat, zum Beispiel die griechische, aber auch die Blüte der Kultur in Deutschland zwischen 1780 und sagen wir ungefähr 1832, wo auch viel Sekundäres dazu beigetragen hat, damit Primäres überhaupt entstehen konnte. Man könnte es also auch umgekehrt sehen.

Nein, da stimme ich dir nicht leicht zu. Unsere Worte »byzantinisch« und »alexandrinisch« sind negativ, abfällig. Die großen Kom-

GESPRÄCH MIT ...

mentatoren in Alexandria, die Grammatiker, die Professoren kamen, als es keine großen Dichter mehr gab. Kallimachos und andere waren schöpferisch schwach. Sie konnten kommentieren. Damit zitiere ich gegen mich, gegen mein eigenes Leben und meine Hoffnung. Aber man muß aufrichtig und streng sein. Es gilt das grausamsanfte Wort von Puschkin: Liebe Leute, sagt er, ich schreibe Briefe. Ihr Professoren und Kritiker, ihr könnt sie austragen – was auch schön ist – und in den Postkasten stecken. Mein ganzes Leben ist die Hoffnung, daß ich einige wichtige Briefe in den richtigen Postkasten gesteckt habe. Aber das darf man nicht mit dem Schreiben der Briefe verwechseln. Puschkin ist Puschkin, und der größte Kenner oder Kommentator Puschkins ist eben nur glücklicher Briefträger.

Sind diejenigen, die heute Dekonstruktion oder Poststrukturalismus betreiben, byzantinische Erscheinungen?

Sie sind die Epigonen eines Umbruchs, eines Niederbruchs der großen Hoffnungen der humanistischen Kultur. Aber man muß auch Achtung vor ihnen haben. Ich bitte meine Polemik nicht mißzuverstehen. Die großen Dekonstruktionisten, die uns in die Nase zwicken und sagen, alles war umsonst: Geisteswissenschaften, Poetik, Rhetorik; die hohe Kunst war machtlos vor der Barbarei, vielleicht soll man das Ganze untergraben und anschauen, worum es geht, daß alles nur Sprachspiel ist. Das ist eine nihilistische Position, und ich halte sie für fundamental falsch. Aber sie ist eine prachtvolle Herausforderung und ein Stachel für die alten Bonzen, die den ganzen Tag wie die Elefanten dasitzen und über Goethe, Shakespeare und Dante trompeten. Da kommen diese verzweifelten hochbegabten Epilog-Menschen wie Derrida und sagen, nach dem fünften Akt unserer Zivilisation kommt das Satyrspiel, wir sind die Satyrn, wir tanzen, wir machen uns lustig über dieses prätentiöse Vertrauen in den Logos, in das Wort. Man muß antworten, ich versuche es in allen meinen Werken und Arbeiten, aber ich weiß, daß die Frage berechtigt ist.

212

Sie haben immer wieder darauf hingewiesen, daß es, was manche sehr überrascht, zwischen Dekonstruktion und jüdischer Tradition einen Zusammenhang gibt.

Die einfache Statistik ist überwältigend. Vom Poststrukturalismus Lévi-Strauss', der Sprachkritik Mauthners, von Karl Kraus, Wittgenstein bis zum modernen Strukturalismus Derridas, Hartmanns und so weiter sind es mit einer einzigen Ausnahme, der tragischen Ausnahme de Mans, alles Juden. Viele stammen aus alten Rabbinerfamilien. Nach zwei-, dreitausend Jahren der auctoritas des Wortes und des Textes, der der Vater der Identität ist, kommt der Holocaust, kommt die endlose Katastrophe in Europa; und die Söhne dieser Katastrophe, wenn man sich so ausdrücken darf, machen eine Art ödipale Revolte gegen den Vater, der der Text ist, gegen die Autorität des Sinnes, gegen das logos centre, das Wort in der Mitte des Textes, und sagen: Nein, wir spielen damit, wir dekonstruieren es, wir zeigen, daß in jeder Grammatik eine verborgene grammatische Strategie liegt, daß jede Grammatik auch ironisiert werden kann. Und das ist aus den Wurzeln des Judentums entsprungen, und darin liegt eine fast fatale Logik.

Sie sprechen von diesem Einschnitt Auschwitz; ich denke an die überragende Bedeutung der Religion vor allem in Ihren letzten Werken. Ich nehme an, daß diese Bedeutung auch vorher vorhanden war, aber daß sie jetzt manifest geworden ist. Wie kommt es, daß Sie bei allem kritischen Wissen, bei allem kritischen Herangehen an Texte dennoch sagen können, von der Bibel sagen können, das *ist* ein heiliger Text, und ich sehe hier Gottes Präsenz?

Vor vierzig Jahren schrieb ich mein erstes Buch, das jetzt wieder gedruckt wird, *Tolstoi oder Dostojewski*, und ich sagte, daß es Dimensionen im Roman gibt, eine Größe, eine Tiefe, die nur religiös möglich sind, das heißt, daß da, wo es kein theologisches Thema gibt, wo die Frage der Existenz oder Nicht-Existenz Gottes nicht mehr gestellt wird, die Möglichkeiten der Kunst schrumpfen. Das war eine

Theorie, eine Hypothese. Wenn Tolstoi und Dostojewski die größten Romanschriftsteller sind, was sie für mich damals waren, hängt das davon ab, daß für beide die Gottesfrage die prinzipielle Frage ist. Heute habe ich einen anderen Standpunkt. Ich sehe nicht, wie man der Dekonstruktion antworten kann, wenn sie herumtanzt und sagt, jeder Sinn ist auch Unsinn, und jeder Unsinn kann wieder Sinn werden, es gibt nur Spiele, eine Spirale von Spielen. Logisch kann man das nicht widerlegen, semantisch auch nicht. Ich versuche Fuß zu fassen in der tosenden, betäubenden Flut der Anti-Rhetorik dieser begabten Nihilisten, und ich setze auf die Möglichkeit einer Wiederversicherung des Sinns.

Vor einigen Jahren gab es in Neuengland furchtbare Überschwemmungen. Ich erfuhr, daß der Schaden zu groß war für die Versicherungsgesellschaften wie Lloyds usw. Es gibt aber heimliche Rückversicherer, die ihrerseits die großen Versicherungen versichern. Das Bild hat mich fasziniert, und so suche ich die letzte Versicherung, welche hinter den zerschmetternden Mauern der anderen Versicherungen steht. Ich sage nichts mehr, als daß es letztlich doch einen Sinn in der Sprache gibt, daß es eine Wahrheit gibt, die wir zwar nie in der Hand halten werden, aber der wir uns manchmal langsam annähern können. Ich stimme überein mit Kant, mit Pascal, Descartes, die auch darauf gesetzt haben – man kann nur darauf setzen – etwas anderes nicht –, daß nicht alles chaotischer Unsinn ist.

Also mehr Hoffnung als Gewißheit?

Es ist ein Prinzip Hoffnung à la Bloch. Darauf insistiere ich. Ich muß auch darauf bestehen, daß, wenn Derrida brillant sagt: Alle meine Aussagen sind auch Unsinn, er noch an die Sprache glaubt. Da drin steckt eine Finesse, eine List, eine Art schlaues Spiel mit sich selbst. Wenn wir in Schweigen verfallen müssen, und es ist durchaus möglich, daß in einer großen Rock-Kultur die Sprache in vielen Bereichen des menschlichen Denkens und Fühlens langsam abdankt, dann wird es noch vielleicht Literatur geben, aber eine ganz andere, als wir sie kennen. Ein Mensch, der ein großes Gedicht schreibt, einen großen Roman, setzt auf etwas, und dieses Etwas nenne ich die Möglichkeit der Gottesfrage. Es ist die Frage, die wichtig ist. Man diskutiert nicht öffentlich seine intimen religiösen Überzeugungen. Da bin ich ein bißchen angelsächsisch. Das ist ohne Interesse für andere. Was ich in meinen Büchern sage – und fast seit dem ersten vor vierzig Jahren – ist: Wo man sich die Frage stellt: Gibt es Gott, oder gibt es ihn nicht, bestehen viele Möglichkeiten für die großen künstlerischen Formen. Und die Frage selbst ist auch ein Heidegger-Gedanke. Daß das Fragende, daß die große Tat des Fühlens und Denkens das Fragende ist. Wenn mir einer sagt: Ich bin ein konsequenter Atheist – die sind ungeheuer selten –, vielleicht der große italienische Dichter Leopardi, vielleicht der französische Surrealist Artaud, aber sagen wir, es kommen große atheistische Künstler, Chapeau, gut, da höre ich zu und will ihre Bücher lesen. Wenn mir aber einer sagt: Die Frage ist wirrer Unsinn, man kann sie gar nicht stellen in einer semantischen Logik der post-deconstruction, dann kann ich mir kaum ein wirklich wichtiges Werk von diesem Menschen erhoffen.

DIE AUTOREN

ANDRÉ DU BOUCHET, geboren 1924 in Paris; Lyriker und Übersetzer. Veröffentlichungen: *Vakante Glut* (Französisch/Deutsch), übersetzt von Paul Celan, Frankfurt/Main (Suhrkamp) 1989. Gedichtbände in Auswahl: *Air* (1951); *Le Moteur blanc* (1956); *L'Avril* (1963); *Ou le soleil* (1968); *Laisses* (1979); *Rapides* (1980); *Défets* (1981); *Ici en deux* (1982); *Cendre tirant sur le bleu* (1987); *Une tache* (1988); *Verses* (1990); *Axialos* (1992). Übersetzungen von Hölderlin, Shakespeare, Celan, Mandelstam, Joyce.

(EMILE) CIORAN, geboren 1911 in Rasinari (Rumänien); Essayist. Veröffentlichungen: *Der Absturz in der Zeit*, 2. Aufl. (Klett Cotta) Stuttgart 1980; *Auf den Gipfeln der Verzweiflung*, Frankfurt/Main (Suhrkamp) 1989; *Das Buch der Täuschungen* (Suhrkamp 1990); *Dasein als Versuchung*, 3. Aufl., Stuttgart (Klett-Cotta); *Gedankendämmerung*, Frankfurt/Main (Suhrkamp) 1993; *Geschichte und Utopie*, 2. Aufl., Stuttgart (Klett-Cotta) 1979; *Gevierteilt*, Frankfurt/Main (Suhrkamp) 1992, 1991; *Lehre vom Zerfall. Essays*, 2. Aufl., Stuttgart (Klett-Cotta) 1991; *Syllogismen der Bitterkeit*, Frankfurt/Main (Suhrkamp) 1980; *Über das reaktionäre Denken*, Frankfurt/Main (Suhrkamp) 1990; *Über die Liebe*, Frankfurt/Main (Suhrkamp) 1993; *Die verfehlte Schöpfung*, Frankfurt/Main (Suhrkamp) 1979; *Vom Nachteil geboren zu sein*, Frankfurt/Main (Suhrkamp) 1979; *Von Tränen und von Heiligen*, Frankfurt/Main (Suhrkamp) 1987; *Der zersplitterte Fluch. Aphorismen*, Frankfurt/Main (Suhrkamp) 1987.

RENÉ GIRARD, geboren 1923 in Avignon; Professor für Französische und Vergleichende Literaturwissenschaft an der Universität Stanford. Veröffentlichungen: *Ausstoßung und Verfolgung. Eine historische Theorie des Sündenbocks*, Frankfurt/Main (Fischer) 1992; *Das Heilige und die Gewalt*, Frankfurt/Main (Fischer) 1992; *Hiob – Ein Weg aus der Gewalt*, Zürich (Benziger) 1990; *Der Sündenbock*, Zürich (Benziger) 1988.

DIE AUTOREN

PIERRE KLOSSOWSKI, geboren 1905 in Paris; Schriftsteller, Übersetzer, Künstler. Veröffentlichungen: *Das Bad der Diana*, Berlin (Brinkmann und Bose) 1994; *Der Baphomet. Roman*, Reinbek (Rowohlt) 1987; *Die Gesetze der Gastfreundschaft. Der Widerruf des Edikts von Nantes. Heute abend, Roberte. Der Souffleur*, Reinbek (Rowohlt) 1987; *Kultische und mythische Ursprünge gewisser Sitten römischer Damen*, Berlin (Merve) 1975; *Lebendes Geld*, Bremen (Impuls) o. J.; *Nietzsche und der Circulus vitiosus deus*, München (Matthes und Seitz) 1986; *La ressemblance – Die Ähnlichkeit*, Bern/ Berlin (Gachnang & Springer) 1986.

EMMANUEL LÉVINAS, geboren 1905 in Kaunas (Litauen); emeritierter Professor und Honorarprofessor der Sorbonne. Veröffentlichungen: *Außer sich. Meditationen über Religion und Philosophie*, München (Hanser) 1991; *Eigennamen. Meditationen über Sprache und Literatur*, München (Hanser) 1988; *Ethik und Unendliches*, Wien (Edition Passagen) 1992; *Humanismus des Anderen Menschen*, Hamburg (Meiner) 1991; *Jenseits des Seins oder anders als Sein geschieht*, Freiburg i. Br. (Alber) 1992; *Schwierige Freiheit. Versuch über das Judentum*, Frankfurt/Main (Jüd. Verlag) 1992; *Die Spur des Anderen. Untersuchungen zur Phänomenologie und Sozialphilosophie*, 3. Aufl., Freiburg i. Br. (Alber) 1992; *Stunde der Nationen. Talmudlektüren*, München (W. Fink) 1993; *Totalität und Unendlichkeit. Versuch über die Exteriorität*, 2. Aufl., Freiburg i. Br. (Alber) 1993; *Vier Talmud-Lesungen*, Frankfurt/Main (Neue Kritik) 1992; *Vom Sein zum Seienden*, Freiburg i. Br. (Alber) 1993; *Wenn Gott ins Denken einfällt. Diskurse über die Betroffenheit von Transzendenz*, 2. Aufl., Freiburg i. Br. (Alber) 1988; *Die Zeit und der Andere*, 2. Aufl., Hamburg (Meiner) 1989.

MICHEL SERRES, geboren 1930 in Agen (Lot et Garonne); Professor an der Universität Stanford und Mitglied der Académie Française. Veröffentlichungen: *Ablösung. Eine Lehrfabel*, München (Boer) 1986; *Die fünf Sinne. Eine Philosophie der Gemenge und Mischungen*, Frankfurt/Main (Suhrkamp) 1993; *Der Hermaphrodit*, Frankfurt/Main (Suhrkamp) 1989; *Hermes I: Kommunikation; II: Interferenz; III: Übersetzung; IV: Verteilung*, Berlin (Merve) 1991-1992; *Der Naturvertrag*, Frankfurt/Main (Suhrkamp) 1993; *Der Parasit*, Frankfurt/Main (Suhrkamp) 1987.

JEAN STAROBINSKI, geboren 1920 in Genf; emeritierter Professor der Universität Genf (Französische Literatur und Ideengeschichte). Veröffentlichungen: *1789 – Die Embleme der Vernunft*, München (W. Fink) 1988; *Besessenheit und Exorzismus. Drei Formen des Wahns*, Starnberg (Schulz) 1975; *Die Erfindung der Freiheit*, Frankfurt/Main (Fischer) 1988; *Kleine Geschichte des Körpergefühls*, Frankfurt/Main (Fischer) 1991; *Die Melancholie im Spiegel. Baudelairelektüren*, München (Hanser) 1992; *Montaigne. Denken und Existenz*, Frankfurt/Main (Fischer) 1989; *Montesquieu*, München (Hanser) 1991; *Porträt des Künstlers als Gaukler. Drei Essays*, Frankfurt/Main (Fischer) 1985; *Das Rettende in der Gefahr. Kunstgriffe der Aufklärung*, Frankfurt/Main (Fischer) 1992; *Rousseau. Eine Welt von Widerständen*, München (Hanser) 1988 u. Frankfurt/Main (Fischer) 1993.

GEORGE STEINER, geboren 1929 in Paris; Professor für Englische und Vergleichende Literaturwissenschaft an der Universität Genf. Veröffentlichungen: *Antigone – auch morgen*, München (Buchner) 1986; *Die Antigonen. Geschichte und Gegenwart eines Mythos*, München (Hanser) 1988 u. München (dtv) 1990; *Exterritorial. Schriften zur Literatur und Sprachrevolution*, Frankfurt/Main (Suhrkamp) 1974; *In Blaubarts Burg. Anmerkungen zur Neubestimmung der Kultur*, Wien (Europa Vlg.) 1991; *Martin Heidegger. Eine Einführung*, München (Hanser) 1989; *Nach Babel. Aspekte der Sprache*, 2. Aufl., Frankfurt/Main (Suhrkamp) 1994; *Tolstoj oder Dostojewskij. Analyse des abendländischen Romans*, München (Piper) 1990; *Unter Druck. Parabeln*, München (Hanser) 1992; *Von realer Gegenwart. Hat unser Sprechen Inhalt?*, München (Hanser) 1990.

PAUL VIRILIO, 1932 geboren; Architekt, Urbanist und Essayist. Veröffentlichungen: *Ästhetik des Verschwindens*, Berlin (Merve) 1986; *Bunkerarchäologie*, München (Hanser) 1992; *Fahren, fahren, fahren...*, Berlin (Merve) 1978; *Geschwindigkeit und Politik. Ein Essay zur Dromologie*, Berlin (Merve) 1980; *Das irreale Monument. Der Einstein-Turm*, Berlin (Merve) 1992; *Krieg und Fernsehen*, München (Hanser) 1993; *Krieg und Kino. Logistik der Wahrnehmung*, 2. Aufl., Frankfurt/Main (Fischer) 1991; *Der negative Horizont. Bewegung – Geschwindigkeit – Beschleunigung*, München (Hanser) 1989; *Das öffentliche Bild*, Wabern/Bern (Benteli) 1987; *Rasender Stillstand. Essay*, München (Hanser) 1992; *Der reine Krieg* (mit: Sylvère Lotrineer), Berlin (Merve) 1984; *Revolution und Geschwindigkeit*, Berlin (Merve) 1993; *Die Sehmaschine*, Berlin (Merve) 1989.

Mein aufrichtiger Dank gilt den Gesprächspartnern dieses Bandes, die Zeit

DIE AUTOREN

und Geduld geopfert haben, um auf meine Fragen zu antworten. Peter Hamm hat in seinem Kulturjournal (Bayerischer Rundfunk, 2. Programm) ausschnittsweise die meisten dieser Gespräche ausgestrahlt; ihm selbst und dem sympathischen Team des BR gilt gleichfalls mein herzlicher Dank.

Das Gespräch mit George Steiner ist im Heft 4, 1993 von *Sinn und Form* erschienen; für die Erlaubnis, es hier wiederabzudrucken, sei Sebastian Kleinschmidt gedankt.